JN162148

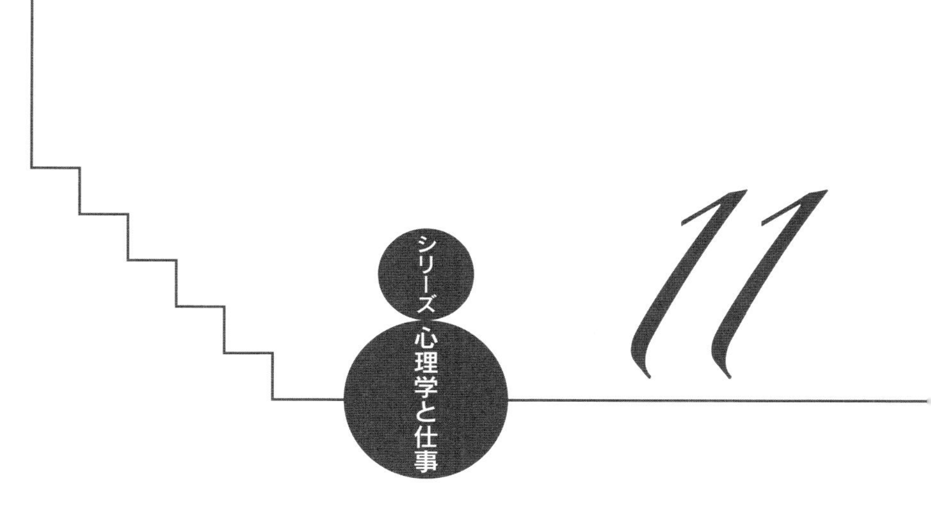

産業・組織心理学

太田信夫 監修
金井篤子 編集

北大路書房

主に活かせる分野／凡例

医療・保健

福祉・介護

教育・健康・スポーツ

司法・矯正

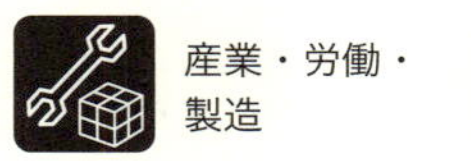
産業・労働・製造

サービス・販売・事務

IT・エンジニア

研究・開発・クリエイティブ

建築・土木・環境

監修のことば

> いきなりクエスチョンですが，心理学では学会という組織は，いくつくらいあると思いますか？
>
> 10？ 20？ 30？ 50？
>
> （答 ii ページ右下）

答を知って驚いた方は多いのではないでしょうか。そうなんです。心理学にはそんなにもたくさんの領域があるのです。心理学以外の他の学問との境界線上にある学会を加えると100を超えるのではないかと思います。

心理学にこのように多くの領域があるということは，心理学は多様性と必要性に富む学問である証（あかし）です。これは，心理学と実社会での仕事との接点も多種多様にさまざまであることを意味します。

折しも心理学界の長年の夢であった国家資格が「公認心理師」として定められ，2017年より施行されます。この資格を取得すれば，誰もが「こころのケア」を専門とする仕事に従事することが可能になります。心理学の重要性や社会的貢献がますます世間に認められ，大変喜ばしい限りです。

しかし心理学を活かした仕事は，心のケア以外にもたくさんあります。私たちは，この際，心理学と仕事との関係について全体的な視点より，整理整頓して検討してみる必要があるでしょう。

本シリーズ『心理学と仕事』全20巻は，現代の心理学とそれを活かす，あるいは活かす可能性のある仕事との関係について，各領域において検討し考察する内容からなっています。心理学では何が問題とされ，どのように研究され，そこでの知見はどのように仕事に活かされているのか，実際に仕事をされている「現場の声」も交えながら各巻は構成されています。

心理学に興味をもちこれからそちらへ進もうとする高校生，現在勉強中の大学生，心理学の知識を活かした仕事を希望する社会人などすべての人々にとって，本シリーズはきっと役立つと確信します。また進路指導や就職指導をしておられる高校・専門学校・大学などの先生方，心理学教育に携わっておられる先生方，現に心理学関係の仕事にすでについておられる方々にとっても，学問と仕事に関する本書は，座右の書になることを期待しています。また学校ではテキストや参考書として使用していただければ幸いです。

下図は本シリーズの各巻の「基礎－応用」軸における位置づけを概観したものです。また心理学の仕事を大きく分けて,「ひとづくり」「ものづくり」「社会・生活づくり」とした場合の，主に「活かせる仕事分野」のアイコン（各巻の各章の初めに記載）も表示しました。

なお，本シリーズの刊行を時宜を得た企画としてお引き受けいただいた北大路書房に衷心より感謝申し上げます。そして編集の労をおとりいただいた奥野浩之様，安井理紗様を中心とする多くの方々に御礼を申し上げます。また企画の段階では，生駒忍氏の支援をいただき，感謝申し上げます。

最後になりましたが，本書の企画に対して，ご賛同いただいた各巻の編者の先生方，そしてご執筆いただいた300人以上の先生方に衷心より謝意を表する次第です。

監修者

太田信夫

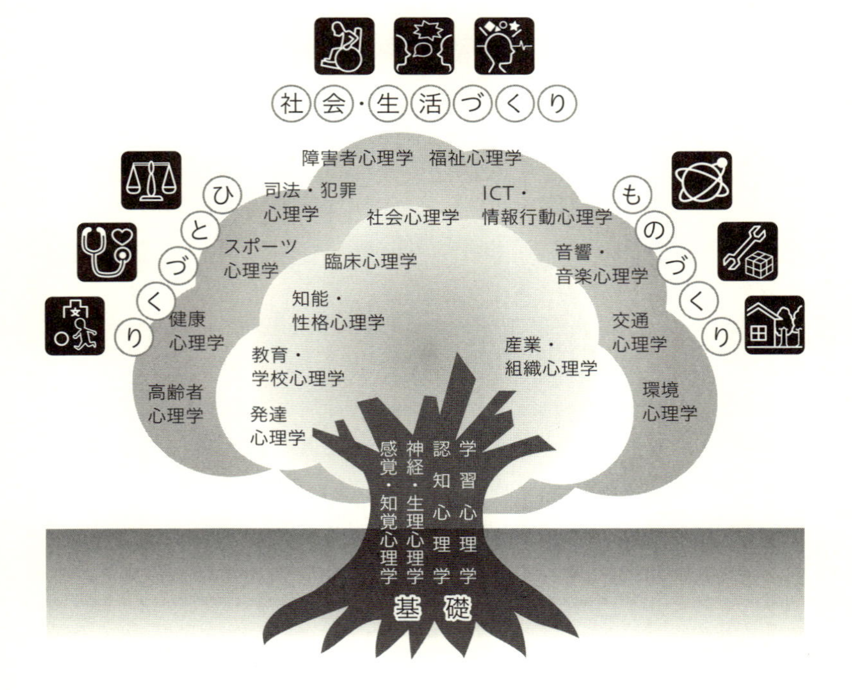

（答 50）

はじめに

1．産業・組織心理学と仕事

みなさんは産業・組織心理学を知っていますか。産業・組織なんていうと，堅そうとか，難しそうとか思う人もいるかもしれませんし，産業・組織と心理学なんて関係があるの？　と思う人もいるかもしれませんね。たしかに産業・組織というと堅い感じがするかもしれませんが，そこで働くのは私たち人間なので，私たちの働きがいとかやりがいとか，どうやったら気持ちよく働けるのかという心理的な事柄はとても大事です。また，人がある目的をもって集まるとそれを「組織」と呼びますが，組織の中でどうやって力を合わせて仕事をするのかなども心理的なことが関わっていますし，「産業」というのは生活に必要なものを生み出し，提供するということなので，人はどんなものが欲しいのかとか，なぜそれが必要なのかなどの心理を知ることも重要です。また，ときどきニュースなどでも報道されていますように，働く人の事故や事件も少なくありませんが，これらにも人間の心理的な働きによって起こるものがたくさんあります。そのため，産業・組織の領域では人間の心や行動を扱う心理学はとても重要な位置を占めており，多くの研究が進められています。

このシリーズのテーマは「心理学と仕事」ですから，このシリーズを読んでくださっているみなさんは心理学を勉強するとどんな仕事ができるのかなということに関心があると思います。心理学は人間の心や行動のメカニズムを説明しようとする学問ですが，なかでも産業・組織心理学は働く人間の心や行動のメカニズムを対象としており，人事部門やマーケティング部門，商品開発部門，安全衛生部門といった，産業・組織心理学の専門的な知識やスキルの必要な部門で役に立っていますし，また，産業・組織心理学が扱っているリーダーシップや職場の人間関係といった知識やスキルは，人が集まって働く場合には，どのような職場においても，ぜひとも知っておきたい知識です。その意味から産業・組織心理学は本シリーズの「心理学と仕事」というテーマに最も近い心理学といえます。

2. 産業・組織心理学に対する社会からの期待

会社の中では必要なものとして，「ヒト・モノ・カネ・情報」ということがよくいわれます。会社がうまくいくには働いてくれる人がいないといけないし，材料や機械が必要です。また，それらを買ったり，賃金を払うお金も必要ですし，現代は情報化時代ですから，社会のニーズを知るということから情報も重要です。この４つのどれが欠けても，会社はうまくいきませんが，その中でも「ヒト」は最も重要と考えられています。というのは，ヒトのやる気やアイデアはモノやカネの不足を補うかもしれません。また，ヒトが情報を生み出したり，必要な情報を探してきたりするのです。このようにヒトは会社にとって何よりも重要な存在です。しかし，ヒトは人間ですから，機械やコンピューターのように働くわけではありません。人間はさまざまな感情をもち，思いをもち，ある人は大切な人のために，ある人は社会のために働いています。その心理的な動きで，会社での働き方が大きく変化する可能性があります。その心理的な動きを理解することはヒトにとっても，会社にとっても意味のあることです。その働く心と行動を研究しているのが産業・組織心理学です。この意味から，産業・組織心理学に対する社会の期待は大変大きいといえるでしょう。

たとえば，産業・組織心理学にはリーダーシップ理論という理論があります。みなさんは学級委員長や部活動の部長によって，その活動がやりやすくなったり，やりにくくなったりした経験はありませんか？　会社でもリーダーによって，会社の売り上げが上がったり，仕事がやりやすくなるということがよくあります。そこで，リーダーはどのような働きをしているのか，リーダーがどのようにすると会社の売り上げが上がったり，仕事がやりやすくなるのかを研究したのがリーダーシップ理論です。詳しくは第３章を見ていただきたいですが，研究のはじめには，リーダーはリーダーとして生まれてくるのだという考え方が中心でした。ですので，研究者たちはリーダーとしてふさわしい人を探し出すために，どういう特徴をもった人がリーダーとして成功しているのかを調べていました。しかし，よく実際の現場を観察してみると，成功しているリーダーの生まれもった特徴はさまざまで，どういう人ならいいとは必ずしもいえないことがわかりました。そこで，もう少し調べると，どういう人かということよりも，リーダーがメンバーに対して何をするかが重要で，それは大きく２つの行動に分かれることがわかりました。

1つは売り上げを上げるための目標達成行動で，もう1つはメンバーに協力して働いてもらうための集団維持行動です。このリーダーシップ理論はリーダーシップ訓練のプログラムとなり，多くの会社でリーダーを育てることに役立ちました。

でも，この2つの行動さえすればうまくいくかといえば，人間の心や行動はそれほど単純ではないので，今もリーダーシップの研究は続けられており，さらにいろいろなことがわかってきています。しかし，これから調べなければならないこともたくさんあります。まだまだ調べなければならないことがたくさんあるので，これを読んでいるみなさんの中から，このような研究に取り組んでくれる人がぜひ出てきてほしいなと思います。

このように，産業・組織心理学が生み出してきた理論は実際の産業・組織場面に役立っています。さまざまな産業・組織場面では，リーダーシップだけではなく，さまざまな人間の心や行動のメカニズムが働いています。そのため，産業・組織心理学に対する会社や社会からの期待はますます高まっています。それでは，次の章から，産業・組織心理学を紹介していきましょう。

編　者

金井篤子

目　次

第1章 産業・組織心理学への招待

1節　産業・組織心理学とは何か

1．応用の学問

産業・組織心理学は，産業や組織における心理学的メカニズムを研究対象とした学問です。生理や認知などを扱う基礎心理学に対して，より現実的な事象を扱う応用心理学に分類されます。応用心理学は基礎心理学における知識や理論を応用して，実際の生活の中にある心理的なメカニズムを明らかにしようとします。応用というと，産業・組織心理学独自の知識や理論はないのかと思われるかもしれませんが，実際の生活は複雑に要因が積み重なり，基礎心理学の知識や理論だけでは説明しきれないことも多く，産業・組織心理学独自の知識や理論が展開しています。

2．社会や経済の変化の影響を受けるということ

実際の産業や組織は社会や経済の変化の影響を直接受けます。特に近年はグローバル化の影響で，経済が大きく変動しています。産業・組織心理学は他の心理学領域にもまして，そういった社会や経済の動向に敏感であることが求められますし，産業・組織の現実の心理的な問題に対して，その解決のための知識や理論を提供することこそが産業・組織心理学の目的といえるでしょう。

3．産業・組織心理学の創始

まず，産業・組織心理学の発展過程をご紹介しましょう。現代の科学的心理学の歴史はフェヒナー（Fechner, G. T.）の「精神物理学原論」の完成（1860年），あるいはヴント（Wundt, W.）のプロイセンのライプツィヒ大学における心理学実験室の開設（1879年）の1860年～70年代をもって始まったとされますが，産業・組織心理学は，ミュンスターベルク（Münsterberg, H.）による「心理学と産業効率」（1912年ドイツ語版，1913年英語版），スコット（Scott, W. D.）による「広告の理論」（1903年），「広告心理学」（1908年）をもって始まったとされています。ともにヴントのもとで実験心理学の学位を得た心理学者です。

ミュンスターベルクは①「最適な人材の選抜」②「最良の仕事方法」③「最高の効果の発揮」という3つの観点から，心理学の経済への応用を考えました。①にはたとえば，職業と適性，人事などが含まれ，②には，疲労，作業工程，人間工学，③には，販売や広告，購買や消費などが含まれます。これらは現在の産業・組織心理学が扱う領域のもとになりました。一方，スコットは，広告に心理学の原理を導入し，広告効果の心理学的研究や販売員の選抜検査などを開発しました。こういったことから，ミュンスターベルクは産業心理学の創始者，スコットは広告心理学の創始者と呼ばれています。

4．科学的管理法

製鋼会社の一技師であったテイラー（Taylor）が出版した『科学的管理法の原理』（1911）は産業・組織心理学に大きな影響を与えました。当時，産業界では深刻な不況を背景に，労使が対立しており，大規模なストライキなどが多発し，労働者が共同して生産量を抑えるといった組織的怠業が当たり前の状況でした。テイラーは生産量を上げる方法と，働いた分の正当な報酬を受け取るための基準があれば，こういった労使の対立はなくなるのではないかと考えました。そこで，それぞれ作業時間を測定し，最もやりやすい作業の方法を見出すこと，作業を標準化して標準作業量を決定すること，作業のための必要な訓練を行い，標準よりもたくさんできればインセンティブを付けることなどを開発しました。他にも，できるだけ作業に集中できるように，計画や設計は管理者が行うこと，作業員は熟達のために1つの作業のみを行うことなどを提唱しました。この考えは自動車メーカーのフォードの組み立てラインに応用され，自動車の大量生産を可能としました。科学的管理法は，現在でもさまざまな作業工程に応用されています。しかし，一方では，人間はそれほど合理的な存在ではなく，あるいはインセンティブだけで動く経済的存在でもなく，機械の歯車でもないということから批判を受けることになります。

5. ホーソン研究

1927年から1932年にかけて行われたホーソン研究は，組織における人間の心理的な問題について理論や問題解決手法を提供し，産業・組織心理学における人間関係論の基礎となった一連の研究です。この研究がアメリカ合衆国のウエスタン・エレクトリック社のホーソン工場で行われたことから，この名で呼ばれています。ホーソン研究の中心研究者であるメーヨー（Mayo, 1933）やレスリスバーガー（Roethlisberger, 1939）たちは，最初は科学的管理法をより発展させるためにこの研究を企画しました。彼らは，最適な作業の手順や室内の温度，湿度などの環境，休憩の間隔，食事のタイミングなどを見出すために，女性工員の中から5人を選び，工場内に実験室を作って，実験を行いました。しかし，いろいろと条件を変えて悪条件にしても，生産量は落ちず，増加し続けるという結果となりました。そこで，メーヨーたちが女性工員の心理的な側面に着目したところ，いくつかの要因が明らかとなりました。まず，自分たちは多くの女性工員の中から選ばれたということから，集団としての一体感や目的意識が非常に高くなりました。また，常に実験者が横にいて，本人たちに意見や感想を求め，彼女たちの提案を実際に実行したりしたことから，自分たちの意見が取り入れられたという参画感も高くなりました。こういったことが生産量を上げたと結論したのです。女性工員たちの「やる気」が不適切な環境を乗り越えたということです。

また，別の実験では，会社が決めた公式のグループの中にいくつか非公式のグループが存在し，公式のルールとは異なる非公式のルールをもっており，しかも公式のルールよりも非公式のルールのほうが拘束力が強いということも見出されました。これをインフォーマルグループと呼んでいます。これは学級の中でもよくみられる現象ですから，これを読んでいるみなさんにも思い当たることがあるのではないかと思います。

ホーソン研究は，組織内の労働者の行動は，物理的環境要因に直接影響されるのではなく，それぞれの労働者の態度や感情に規定されており，その態度や感情は，職場の同僚や上司との人間関係から生じているということを示した点で，高く評価されています。しかし，一方で，人間関係が会社の生産性を上げるための手段として使われるという問題を引き起こし，本来の人間関係ではなく使用者側のリップサービスにすぎないという批判につながりました。

6. 自己実現的人間像の登場

1940 年代に自己実現論を提唱したマズロー（Maslow, A. H.）やクライエント中心療法を唱えたロジャース（Rogers, C. R.）らの人間性心理学派の登場により，産業界にもこの立場からの理論が展開しました。

会社の経営は，会社がそこで働く人間の性格や行動をどのようにとらえるかによって大きく変わってきます。特に，人間はなぜ働くのか，何のために働くのかということをどのように考えるかが最も重要です。これを働く動機づけ（ワーク・モチベーション／work motivation）と呼んでいます。すでに見てきたように，科学的管理法は人間を賃金に動機づけられるものと考えていました。ホーソン研究から生まれた人間関係論では，人間は人間関係という社会的関係に動機づけられると考えたわけです。お金も大切だし，人間関係もよいほうがいいのは確かなのですが，しかし，どちらも人間を働かせる対象としてとらえていたために，賃金や人間関係が働かせるための手段となっているという批判が起こりました。

その頃マズロー（Maslow, 1954）は，フロイト（Freud, S.）が神経症者の研究から人間のネガティブな側面を明らかにしたのに対し，より健康で成熟した人を研究対象者として選び，面接調査によって，可能性や抱負や希望といった人間のポジティブな側面を明らかにしようとしました。その結果，人間には生理的な欲求，安全と安定の欲求，愛と所属の欲求，自尊の欲求が，低次の欲求から高次の欲求まで階層的に積み上がっていること，これらはいったん満たされてしまうと，二度と人を動機づけることはできないこと，これらの欲求を満たしてしまった後に，けっして動機づけの低下しない自己実現欲求（Self-Actualization）が存在することを見出しました。これがマズローの欲求階層理論（第３章参照のこと）です。自己実現とはマズローによれば「自分のもつ能力や可能性を最大限発揮して，自分がなりうる最高のものになる」ことです。つまり，人間は食べることや安全も大切ですが，究極的には自分自身になるために生きているのだということを説明したわけです。働くという場面で考えると，人間は賃金や人間関係のために働くということもありますが，究極的には自分自身になるために働いており，そのため，人間は自分自身になる機会に最も動機づけられ，自分の力を発揮すると考えられたのです。このようにマズローの理論は，組織における自己実現的人間像の基礎となり，マクレガー（McGregor, D.）やアージリス（Argyris, C.）らに引き継がれます。会社の中で，労働者の自己実現を目指した組織経営のための理論的根拠となったのです。

7．マクレガーのＸ－Ｙ理論

マクレガー（McGregor, 1960）はそれまでの企業におけるネガティブな人間観をＸ理論と名付け，それに対して人間の積極的な側面に着目した新しい人間観をＹ理論と名付けました。表 1-1 からわかるように，Ｘ理論では，人間はもともと働くことが好きではなく，怠け者で，命令されたり，強制されたりしなければ働かない，また，責任を回避したがり，新しいことに挑戦したりしないという人間観ですから，組織作りの中心原理は「権力行使による命令と統制」となり，人は厳しく管理されなければならないことになります。一方，Ｙ理論はＸ理論とはまったく正反対の人間観であり，人間にとって働くことは満足感の源になり，自ら設定した目標に向かって働き，自ら進んで責任をとろうとし，また，創造的に働こうとする存在です。Ｙ理論に基づけば，組織作りの中心原理は「統合」で，労働者が会社のために努力すれば，それによって労働者が自分自身の目標を最高に成し遂げられるように，会社のシステムを作り出し，労働者と会社がともに満足できることを

▼表 1-1　マクレガーのX－Y理論

X理論

1. 普通の人間は生来仕事が嫌いで，なろうことなら仕事はしたくないと思っている。
2. この仕事は嫌いだという人間の特性があるために，たいていの人間は，強制されたり，統制されたり，命令されたり，処罰するぞと脅されたりしなければ，企業目標を達成するために十分な力を出さないものである。
3. 普通の人間は命令されるほうが好きで，責任を回避したがり，あまり野心ももたず，何よりもまず安全を望んでいるものである。

Y理論

1. 仕事で心身を使うのはごく当たり前のことであり，遊びや休憩の場合と変わりはない。普通の人間は生来仕事が嫌いだということはない。条件（これは操作可能である）次第で，仕事は満足感の源にもなり（したがって自発的に仕事をする），逆に懲罰の源とも受け取られる（したがってなろうことなら避けようとする）。
2. 外から統制したり脅かしたりすることだけが企業目標達成に努力させる手段ではない。人は自分が進んで身を委ねた目標のためには自ら自分にムチ打って働くものである。
3. 献身的に目標達成につくすかどうかは，それを達成して得る報酬次第である。報酬の最も重要なものは自我の欲求や自己実現の欲求の満足であるが，企業目標に向かって努力すれば直ちにこの最も重要な報酬にありつけることになりうるのである。
4. 普通の人間は，条件次第では責任を引き受けるばかりか，自ら進んで責任をとろうとする。責任回避，野心のなさ・安全第一というのは，たいていは体験に基づいてそうなるのであって人間本来の性質ではない。
5. 企業内の問題を解決しようと比較的高度の想像力を駆使し，手練をつくし，創意工夫をこらす能力は，たいていの人に備わっているものであり，一部の人だけのものではない。

目指します。具体的には，分権（権限を1か所に集中しないで，分割すること）や権限移譲（権限を労働者一人ひとりにもたせること），ジョブ・エンラージメント（単一の職務だけに従事するのではなく，担当できる職務の範囲を広げること），参加と協議（会社や職場の決定に参加できたり，相談できたりすること）などを取り入れた経営です。この時代には，まだまだX理論で経営されている会社がほとんどで，残念ながら，労働者の能力はほんの一部しか活かされておらず，会社はY理論に基づいた経営を行うべきであるとマクレガーは主張しました。

8. アージリスの未成熟－成熟理論

アージリス（Argyris, 1957, 1964）は組織と労働者の関係について，

▼表 1-2　アージリスの未成熟－成熟理輪

1. 幼児のように受け身の状態から成人のように働きかけを増していくという状態に発展していく傾向
2. 幼児のように，他人に依存する状況から成人のように比較的独立した状態に発展する傾向
3. 幼児のように数少ないわずかの仕方でしか行動できないことから，成人のように多くの違った仕方で行動できるまで発達する傾向
4. 幼児のようにその場，その場の浅い，移り気な，すぐに弱くなる興味から成人のような深い興味をもつように発達する傾向
5. 子どものような，短期の展望から，成人のような長期の展望に発達する傾向
6. 幼児のように，家庭や社会の中で従属的地位にいることから，同僚に対して同等，または上位の位置を占めようと望むことに発展する傾向
7. 幼児のような自己意識の欠乏から，成人のような自己についての意識と自己意識に発達する傾向

まず労働者は表 1-2 のように成熟していく存在であるとしています。にもかかわらず，会社は労働者を成熟していく存在として扱わず，依然として，科学的管理法の問題点である単一の仕事のみが与えられ，リーダーが管理し，目標はリーダーから与えられるために，労働者は単一の技能しか身につけることができず，リーダーに依存し，自ら自律的に目標を決定する機会を奪われるといったように，会社が労働者の成熟を阻害していると指摘しました。このため，会社は労働者が成熟する存在であることを認め，労働者が成長する機会を保障するために，労働者に対して「挑戦と自己責任の機会」を提供するべきだと主張しました。

以上見てきたように，産業・組織心理学の発展過程の中で，「人が働くとはどういうことなのか」というテーマが扱われてきたことがわかります。産業・組織心理学は，これらの知見をもとにして，「どのように働くことが人にとって意味のあることなのか」ということを提案しているともいえます。

2 節　産業・組織心理学が扱う領域とテーマ

産業・組織心理学が扱う領域は人事領域（第２章），組織行動領域（第３章），消費者行動領域（第４章），安全とリスク管理領域（第５章）の大きく４つに分かれます。

1. 人事領域

人事領域では，会社でどのような人を採用したらいいのか，採用の際により効果的な面接の方法は何か，その人の潜在的な能力を測定する方法は何か（採用・面接），会社の中で働く人がどれくらい頑張っているか，どのような成果を評価すべきか（人事評価），管理職としての潜在的な能力をどれくらいもっているか（昇進・昇格），会社の中で人がどのようにキャリアを伸ばしていくか，また会社の中でどのようなキャリアを実現してもらうか（キャリア発達，職場内訓練），転職や退職後の第二の人生における就職をどのように支援するか（セカンドキャリア）などのテーマが扱われています。

こういった会社の中の働く人の管理は，以前は労務管理（Personnel Management）と呼ばれていましたが，現在は人的資源管理（Human Resource Management: HRM）と呼ばれています。「はじめに」でも書いたとおり，会社の中で必要な資源として，「ヒト，モノ，カネ，情報」の４つがありますが，人は会社の中の重要な「資源」です。その資源をどのように管理するかは，会社の存続にも関わる重要な事柄です。もちろん人はモノではありませんから，モノのように，こちらからあちらへ，思うとおりにできるわけではありません。その人自身の思いや能力やスキルはさまざまだからです。産業・組織心理学では，その人間が人間たるゆえんを明らかにし，会社の中でより人間らしく扱われることを目標としています。

2. 組織行動領域

組織行動領域では，人はなぜ働くのか，どういうときにやる気が出るのか（ワーク・モチベーション），会社や職場は働く人の心理にどのような影響を与えているのか，会社や職場はどのように構成されているのか（集団と組織），会社や職場のリーダーはどのように行動をするべきなのか（リーダーシップ），職場の中で，職場での人間関係はどのような特徴があるのか，どのようなコミュニケーションをとればいいのか（職場の人間関係とコミュニケーション），会社や職場でどのように物事を決めていけばいいのか（意思決定）などのテーマが扱われています。やる気や人間関係といったテーマは最も心理学的であり，産業・組織心理学の中核のテーマでもあります。

3．消費者行動領域

消費者行動領域では，消費者はなぜその商品を買うのか，どのようなときに消費者はモノを購入するのか（消費者の購買行動），今どの商品が求められているのか，どのようにしたらその商品が売れるのか（マーケティング），消費者に買ってもらえる広告の方法（広告），人はなぜオレオレ詐欺に引っかかってしまうのか（悪質商法，オレオレ詐欺）などのテーマが扱われています。近年ではオレオレ詐欺に気をつけましょうという広報がたくさん行われていますが，被害件数は減少するどころか，年々増え続けています（警察庁，2016)。被害事例の報道などを見ると，人の心理を巧妙に利用しており，当事者になってしまうとやっぱり信じてしまうのではないかと思われます。被害をなくすためには，こういった心理についても研究していく必要があります。

4．安全とリスク管理領域

安全とリスク管理領域では，働く人が事故なく，安全に仕事ができるように，仕事がどのように人に影響を与えるか（作業負荷），人はどのようなときに失敗をするか（ヒューマン・エラー），どのようにしたら，失敗をしなくて済むのか，なぜ人は危険とわかっている行動をするのか（不安全行動）などを扱い，研究が進められています。人は機械ではありませんから，いつも一定の作業ができるわけではありません。人の失敗には心理的な要因も大きく絡んでいます。たとえば，ある会社で起こった事故は，休日出勤の終わりがけに起きており，作業が終わってだんだん人が帰り始めているときに起こったそうです（福尾・金井，2015)。周りが帰り始めて，自分も早く帰りたいという心理が危険な行動を誘発してしまったと考えられます。このように人の心理はいつもの仕事で，よくわかっている事柄にも影響を与え，場合によっては事故を引き起こします。事故防止のためには，こういった人間の行動についてよく研究される必要があります。

5. 職場のストレスとメンタルヘルスの心理学

この他に，この本では，第６章で職場のストレスとメンタルヘルスの心理学を取り上げました。これは人事領域，組織行動領域，安全とリスク管理領域をまたぐ領域です。近年のストレスの増加により，産業・組織心理学でも大きく取り扱っています。働く上でのストレスは，メンタルヘルスに不調を起こし，抑うつや燃え尽き症候群（バーンアウト／burn out），過労死（自殺）などに結びつくことがあります。特に，過労死は日本にのみ存在するといわれています。世界でも類を見ない長時間労働が原因であると考えられています。過労死（自殺）は生きていくための仕事が「死」を招くという最悪の結果ですので，ぜひなくしていかなくてはなりません。産業・組織心理学では，長時間労働が過労死に結びつくということを知っているにもかかわらず，なおそれでもなぜ働きすぎてしまうのかという日本人の心理的な問題に取り組んでいます。

この本では，紙面の都合上，これらのすべてのテーマを扱うことはできませんでしたが，興味をもった人はぜひ巻末の推薦図書や引用文献を読んでください。産業・組織心理学の世界が広がると思います。

3節　産業・組織心理学の研究法の特徴

産業・組織心理学では，実験法，観察法，面接法，質問紙法といった，心理学の方法論が用いられています。以下に説明するように，それぞれにメリットとデメリットがあるので，どのようなことを研究したいのかによって，方法を選ぶ必要があります。また，場合によってはいくつかの方法を組み合わせて実施することが大切です。

産業・組織心理学の特徴として，より現実的な問題をテーマとしていますから，１つの現象について多くの要因が関わっていることになります。たとえば，何か事故が起こったとして，その原因は事故を起こした人がまだその作業に慣れていなかったということもあるかもしれませんし，その作業には慣れていたが，たまたまその日体調が悪かったのかもしれません。また，なぜ作業に慣れていない人がその作業をすることになったのかという点については，その人が勝手にやってしまったのかもしれませんし，職場の都合で，普通なら担当させない作業をやってもらうことになってしまったのかもしれません。もし慣れていない人が作業をしなければならない状況になったとしたら，それをフォローする体制はどうだったのか，というように，１つの事故がなぜ起きたのかについては，いろいろな要因が重なっています。

一般に要因は大きく分けると，事故を起こした個人の問題，事故が起こった職場や会社の問題（環境の問題）の２つに分けられます。人間には，何か事故が起こったときには事故を起こした人のせいと片付ける傾向があります（これを心理学では「根本的な帰属の誤り」と呼んでいます）が，たいてい個人だけが原因ということはありません。特に職場での事故の場合は，必ずその背景に職場や会社といった環境の問題が含まれるので，単純には原因を決めることができません。また，たまたまその人が悪かったと片付けてしまっては，今後同じような事故を防ぐことができません。現時点では，これらの複雑で多様な要因を総合的に扱う研究法は十分ではありませんが，常に原因が複雑で多様な事象を扱っているという認識が必要です。

1．実験法

実験法は複雑で多様な要因の中から，いくつかの限定した要因を選び出し，実験的にその状況を作り出します。その実験的状況において，人間の行動がどのようになるのかを測定して，その要因が状況に対してどのような役割を果たしているかを検討します。実験室の中の状況なので，その他の複雑な要因の影響をコントロールすることができます。たとえば，先に述べたホーソン研究の女性工員の研究はこれにあたります。他の条件はまったく同じにして，部屋の明るさだけを変える，部屋の温度だけを変える，休憩時間だけを変えるというように，各要因について，その働きを調べることができます。ただし，複雑で多様な要因のうち，ごく限られた要因しか測定できないこと，測定された要因も現実の場面では他の要因の影響を受けて，変動する可能性があることなどの問題があります。

2．観察法

観察法は実際の会社や職場での観察から，人間の行動の心理的メカニズムを明らかにしようとする方法です。たとえば，先に述べたホーソン研究での，インフォーマルグループの発見は，作業グループを丁寧に観察した結果わかったことです。観察法には，そのグループの活動に観察者も参加しつつ観察する参加観察法と，そのグループの活動には参加しないで観察する非参加観察法があります。観察法の利点は，より現実的な場面についての検討が可能になる点です。ただし，自然の流れが重要なので，調べたい事象が必ずしも観察中に生じない場合があることや，より自然といっても，やはり観察者がいることによって，まったくふだんの様子とは異なる可能性などが問題点としてあげられます。

3. 面接法

面接法は対象者に面接を行い，そのときどうするか，とか，なぜそうしたのかということを直接聞いていく方法です。インタビュー調査ともいいます。面接法には，事前に質問が準備され，その質問について聞いていく構造化面接と，質問したいことはあるものの，そのときの話の流れで自由に話を聞いていく非構造化面接があり，その中間の方法として，あらかじめ質問は決めておくものの，話の展開で質問を変更したり，追加したりする半構造化面接があります。面接法は本人が自分の考えていることを表現するので，より深い心理を明らかにすることができます。また，面接中の会話の中で，複雑で多様な要因について聞いていくことができます。しかし，面接者と対象者とのコミュニケーションをベースにしているので，面接者が対象者から十分に信頼を得られないと，提供される情報に限界がある可能性がありますし，面接者の話を聴くスキルや対象者の言語化のスキルに左右される場合があります。実施上の注意点としては，たとえいろいろ聞きたいことがあっても，面接時間には一定の限りを設けたほうがよく，通常は1時間程度です。あまり長いと負担になる場合があるからです。また，面接によって，対象者のあまり思い出したくない事柄や考えたくない事柄に触れてしまうこともあるので，もしそのような事態になったときに，信頼できるカウンセラーを紹介できる体制を整えておくなどの配慮が必要です。

4．質問紙法

質問紙法は，こちらであらかじめ質問といくつかの回答の選択肢を用意し，選択肢のうち，最も自分の気持ちに近いものを選んでもらう方法です。現在の産業・組織心理学において，最も多く実施されている研究法です。以前は質問を紙に印刷した質問紙に回答を求めていましたが，最近はコンピュータ上で回答するWeb調査も増えてきました。就業時間や場所などに縛られず，本人の都合のよいときに実施してもらうことができる点や，実験法よりも一度に多くの要因を測定できる点などにメリットがあります。デメリットとしては，質問項目や回答の選択肢が決まっているので，それ以外の回答を拾えないこと，また，本人が認知しているレベルの内容しか測定できないことなどがあります。

以上の研究の際には，対象者の人権を守るため，調査に関して生じる可能性のあるリスクや途中でやめてもいい権利，個人情報の管理方法などについて，十分に説明し，同意を得てから進める必要があります。また，研究した結果は適切に社会に公表し，産業・組織心理学の役割を積極的に果たしていくことが必要です。

4節　産業・組織心理学の展望

はじめにも述べたように，産業・組織心理学は，産業や組織における心理学的メカニズムを研究対象とした学問です。科学技術の発展を背景に，社会の構造はますます複雑になっていますが，人間の心は科学技術の発展ほどには変化していません。そのために，産業・組織の領域では，新たな心理的課題が次々と生まれています。これは人間の心がどんどん変化すればいいということではなく，そういった科学技術の変化の中で，いかに人間的に，働いたり消費生活を送ったりすることができるかということが重要だといえます。一方，科学技術の発展とは別に，人間の心もまた変化しており，その変化を知ることは人間的な生活のために不可欠です。このため，産業・組織における人間の心を研究対象としている産業・組織心理学の役割はますます高まっていくことと思います。ぜひ多くの方に関心をもっていただければと思います。

こういった産業・組織心理学の学術的成果の発表，交流の場として，産業・組織心理学会が設立されています。この学会は研究者と実務家の「有機的連帯」（1985 年の学会設立趣旨より）により，多様な会員同士の積極的な意見交換を通じた知見の創造を目指しています。2016 年現在で，研究者のほかに，会社の人事担当者や安全管理担当者，マーケティング担当者など約 1,200 名の会員が活動しています。活動内容としては，年に一度の研究大会，機関誌「産業・組織心理学研究」（年２巻発行），部門別研究会（年４回開催）等があります。この学会では，産業・組織心理学の新しい研究成果が次々と発表されています。関心のある方はぜひ学会 HP（http://www.jaiop.jp/）をご覧ください。

1節　人事の仕事

1．人事とは

企業の中は，営業部，技術部，経理部といったさまざまな部署に分かれており，働く人はいずれかの部署に所属して，それぞれ専門的な仕事をしています。その中に人事部あるいは総務部などと呼ばれる部署があり，働く人に関する仕事全般を受けもっています。その仕事やそれに従事している人は「人事（じんじ）」と呼ばれ，働く人に関する心理学的な専門知識が必要とされています。

以前，人事の仕事は「労務管理」と呼ばれていました。しかし，単に働く人を管理するのではなく，経営資源の1つとして人をとらえることが重要であるという意識が高まるにつれ，「人的資源管理（Human Resource Management: HRM）」と呼ばれるようになりました。

2．人的資源管理

人的資源を管理する仕事というのは，具体的にどのようなものなのでしょうか。人を採用し，配置し，仕事ぶりを評価し，報酬を支払い，育成し，退職をサポートし，というように「働く人を長年にわたって活用する仕事」ということができるかもしれません。

ここでは，人的資源管理をおおまかに「雇用管理」「人事評価」「キャリア発達支援」の３つに分けて紹介します。

(1) 雇用管理

ある人が社会に出ていくとき，たいていは就職活動をして，１つの企業に就職します。そして，入社後はある部署に所属し，そこで何年か仕事をしたら別の部署に移る，つまり異動することもあります。異動を経験しながら定年まで同じ企業に勤め続ける人もいれば，転職する人もいます。場合によっては体調不良や怪我などにより休職することもあります。これを企業側から見ると，新しい人を募集して採用し，適した部署に配置し，必要に応じて異動や休職をさせ，時期が来たら退職の手続きをするということになります。このような一連の流れを管理することを「雇用管理」といいます。

人を雇用するということは，その分の給与を支払う，つまり人件費がかかるということなので，雇用管理には経営学の知識も必要です。しかし，雇用する人をモノのように扱っていたら，企業はうまくいきません。心理学の知見を活用し，企業で働く人の心理を理解した上で雇用管理をすることが求められているのです。

(2) 人事評価

学校では通知表という形でテストの点数や授業態度に基づいた評価がされていますが，企業においても，どのくらい仕事をしたのか，どのような態度で仕事に取り組んだのか，という観点から成績がつけられます。このように仕事ぶりを評価することを「人事評価」といい，賃金や配置などを決める際に役立てています。

学生たちがテストの点数に一喜一憂するように，働く人たちも，仕事ぶりを高く評価してもらえれば嬉しいし，思ったより評価されなければやる気が出なかったりします。人が人を評価するというのはとても難しい仕事ですが，あらかじめ人の心理的な傾向を把握しておくことにより，公平な評価を実現しているのです。

(3) キャリア発達支援

人は大人になってからも発達し続ける存在です。働く人は，目の前の仕事だけを見ているのではなく，将来の自分の姿を描いたり，仕事の目標を立てたりしながら，日々の仕事に取り組んでいます。そして，苦労したり悩んだりしながら，力をつけて成長していきます。このように仕事の経験を積んでいくことを「キャリア発達」といいます。同じ企業で働いていても，仕事の経験や働くことに関する考え方は人それぞれです。したがって，企業が人を経営資源として活用するためには，一人ひとりに目を向けて，それぞれのキャリア発達を支援することが必要になります。

キャリア発達を支援するには，キャリアの心理学的な視点を理解していることが前提となります。具体的には，キャリア発達の基礎的な理論や支援の技法を学習しておくことが求められています。

以上の人事の仕事内容について，２節では「雇用管理」の中から心理学との関連が深い「採用選考」を取り上げ，３節では「人事評価」，４節では「キャリア発達支援」について述べていきます。

2節　採用選考

1．採用選考とは

(1) わが国における採用選考の特徴

学生にとって就職活動とは，自分が働くのにふさわしい企業を選ぶ機会です。これを企業の側から見ると，自社で働いてもらうのにふさわしい人を選ぶ機会であり，「採用選考」といいます。

採用選考は，雇用管理の中でも非常に重要な仕事です。なぜなら，退職する人の不足分を新しい人で埋めるというように単純ではないからです。わが国では，「新卒一括採用」といって，新たに学校を卒業する人を同じタイミングで採用する手法が主流になっています。欧米では，ある仕事をしていた人が辞めれば，代わりにその仕事をできる人，つまり専門性が備わっている人を採用するのが一般的です。しかし，わが国では，専門的な知識や経験のない人たちをまとめて迎え入れ，一から育てていくという独自の手法をとってきました。そのため，採用選考においては応募者の潜在的な力や将来性が重視されています。

(2) 採用選考のプロセス

では，適した人を応募者の中から選んで採用するために，どのよう

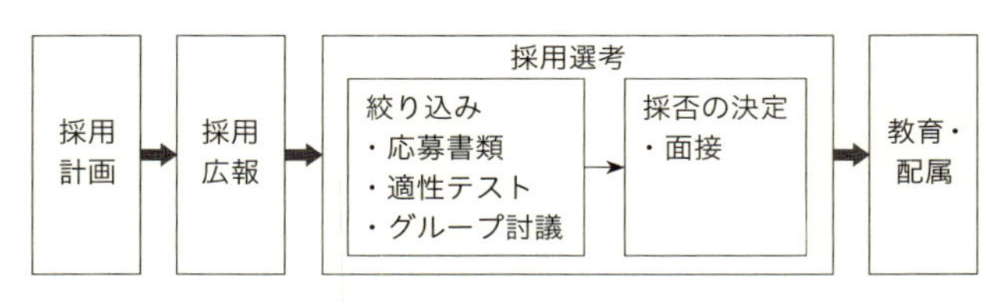

▲図 2-1　採用活動のプロセス

な活動が行われているのでしょうか。採用活動全体は，どのような人をどの程度確保するのかを計画する「採用計画」，応募者を集めるために採用情報を発信する「採用広報」，応募者の中から適した人を選抜する「採用選考」，内定者に対する入社への動機づけを行う「教育・配属」の４つに分けられます（図 2-1）。

その中核に位置する採用選考のプロセスは大きく２つに分けられ，前半では，応募者の中から面接に呼ぶ人を絞り込みます。具体的には，エントリーシートと呼ばれる応募書類の内容や適性テストの結果を見て，一定の水準を満たしている人だけを抽出します。特に応募者が多い場合は，限られた時間内で一斉に実施できる適性テストがよく利用されます。また，複数の応募者を集めてグループ討議をしてもらい，その様子を観察して評価するという企業も増えています。

こうして絞り込んだ応募者に対して面接を行い，採用すべきか否かの判断を下すのが後半のプロセスになります。１回しか面接をしないというケースも稀にありますが，２～３回にわたって行われることが一般的です。最終的には，応募書類や適性テストで得られた情報に加え，直接的なやりとりを通して把握した応募者の人物像を総合的に判断して，採否を決定します。

2. 適性テスト

(1) 適性とは

適性とは，個人が将来ある分野に進んだときに行う可能性がある能力や特性のことをいいます（子安，1999）。能力的な側面への関心が高かった欧米に対し，わが国では性格的な側面も含めて適性をとらえてきましたが，現在では，欧米においても興味など幅広い意味を含む概念へと発展しています。

大沢（1989）は，個人と職務や職場との適合の観点から，適性を

「職務適応」「職場適応」「自己適応」の３側面で説明しています。職務適応には，知能，知識，技能などが含まれており，能力的な適性を表しています。職場適応には，気質や性格などが含まれており，性格的な適性を表しています。自己適応には，興味や価値観などが含まれており，働くことを通じてやりがいや満足を感じられるか否かが基準になります。

(2) 適性テストの種類

このような適性の３側面に対応するように，採用選考で用いられる適性テストは「能力適性テスト」「性格適性テスト」「興味・指向適性テスト」に分かれています。そして，総合的な人物特徴を把握するために，これらを組み合わせた「総合適性テスト」も利用されています。

こうしたテストは多種多様に存在します。その中から自社の採用にふさわしいテストを選ぶ際，心理測定における信頼性や妥当性といった心理学の知識が役立つのです。

①能力適性テスト　能力適性テストには，比較的どの仕事にも共通して求められる能力を測定する「一般知的能力テスト」と，ある仕事に求められる特定の能力を測定する「職種別能力適性テスト」の２種類があります。前者は，語彙，文章理解能力，数的処理能力，論理的推理能力などに焦点が当てられ，中核的な仕事に従事する総合職の採用で広く用いられています。後者は，たとえば定型的な仕事が多い事務職の採用においては，細かい作業の速さや正確さなどに焦点が当てられています。

②性格適性テスト　性格適性テストは，もともと精神が安定しているか否かの診断を目的の１つとして適用されていましたが，採用選考においては，人物特徴の把握や，職務や職場との適合の観点から利用されてきました。採用選考で用いられる性格適性テストは，その測定手法によって「質問紙法」と「作業検査法」に分類されます。前者は，たとえば「あなたはふだん，やってみたいと思うことがあっても，なかなか行動に移せないほうですか？」といった短い質問文に対して，「はい」「いいえ」のいずれかを選択してもらい，その回答傾向から性格の特徴を把握する手法です。後者は，単純で連続する作業をしてもらい，その作業量の推移パターンから情緒の安定性などを診断する手法です。

③興味・指向適性テスト　興味・指向適性テストは，もともと職業ガイダンスで活用することを目的に開発されましたが，しだいに企業内の配置などでも利用されるようなりました。「どのような仕事を好むのか」という興味・指向は，職務や職場との適合に深い関わりをもつことから，近年，採用選考においても，能力適性テストや性格適性テストとあわせて用いられるケースが出てきました。

3. 面接

(1) 面接で評価される内容

面接者が応募者と直接会って口頭でやりとりする面接では，応募書類や適性テストの結果ではわからない応募者の特徴を知ることができます。具体的には，「基本的態度・姿勢」「職業観・職業興味」「志望動機」「性格」「実践的能力・スキル」「基本的能力・知識」「個人的事情」などの側面を幅広く把握することができます（二村，2000）。面接に際しては，面接者の手元に応募書類や適性テストの結果が揃っており，それを見ながら応募者に対して質問していきます。質問に対する応募者の受け答えから，コミュニケーションのスキルなどを見極め，その人らしさをより深く把握し，最終的には「入社して活躍できそうかどうか」という観点から総合的に合否を判断します。

面接の場において，面接者がその場のフィーリングで合否を判断するわけにはいきません。心理学の知識をふまえた枠組みを用いることにより，特に応募者の内面について客観的に判断することが可能になります。

(2) 面接の種類

面接は，その実施形態や手法によって以下のように分類できます。

①形態による分類　面接の形態は，その面接を1人で受けるのか，あるいは複数の応募者が同時に受けるのかによって分けられます。具体的には，1名または複数の面接者が1名の応募者に対して行うのが「個人面接」で，1名または複数の面接者が複数の応募者に対して同時に行うのが「集団面接」です。個人面接は，面接者と応募者がじっくり向き合うことができるため，採用の可否を決定する最終面接ではこの形態がとられています。一方，集団面接は，一度に複数の応募者を確

認できるという効率のよさから，一次面接においてしばしば見受けられます。

②手法による分類　面接の手法は，面接の進め方や質問内容がすべて面接者に委ねられている「自由面接」と，あらかじめ決められた進め方に則って面接を進めていく「構造化面接」の２つに分けられます。社長や役員が最終面接を行う場合は自由面接となる場合が多いですが，複数の担当者が面接を分担して行う段階では，評価の基準を統一する必要があるため，構造化面接が多く用いられています。

(3) 面接者の陥りやすい誤り

面接では主観的な評定が行われるため，面接者の誰もが陥りやすい誤りがあります（表 2-1)。面接者は，こうした誤りの存在を理解しておくことや，事前に訓練を積んで面接のスキルを高めておくことなどが求められています。

▼表 2-1　面接者の陥りやすい誤り（二村，2005 より作成）

質問の展開における誤り	• 面接者が話をしすぎて，被面接者に関する必要な情報が得られない • 質問が場当たり的で，被面接者全員について一貫した情報が得られない • 職務遂行能力と関連がない質問をしやすい • 被面接者の緊張を解きほぐせず，本音の情報が引き出せない
評定や採否判断における誤り	• 面接の最初の数分で採否判断をしてしまいやすい • 自分の判断を過信し，軽率な評定になりやすい • 表情，容姿，態度など言語外の表面的な印象に影響されやすい • １つの特徴のみで，固定的な人物タイプの枠組みに当てはめて評価しやすい（ステレオタイプ） • 一度に多くの面接をし続けることにより，評価が甘くなったり，また逆に厳しくなったり，時には尺度の中心付近に集中する（寛大化傾向，厳格化傾向，中心化傾向） • １つの特に優れた，または劣った点に目を奪われ，それで人物全体を評価してしまいやすい（ハロー効果） • 事前に面接した人物の特徴と比較して評価しやすい（対比効果） • 自分と似た点を多くもった人物を高く評価しやすい（相似効果），あるいは反対の特徴をもった人物を低く評価しやすい（非相似効果） • １つのよい点よりも，不採用理由になる欠点ばかりを探してしまいやすい • 応募書類や他の評価ツールの評価情報に影響されやすい

心理学の知見を面接における適正な評定に応用し，面接者向けの研修プログラムにも取り入れることで，面接の質を高めることができるでしょう。

3節　人事評価

1．わが国における人事評価の特徴

従業員の仕事ぶりを評価し，賃金，配置，能力開発などに反映させる仕組みを「人事評価」または「人事考課」といいます。わが国では，同じ企業で長く働くほど賃金や役職が上がっていく年功序列の人事制度が一般的でしたが，バブル経済が崩壊した影響もあり，成果を上げた人に対して処遇を厚くするというアメリカ型の成果主義が導入されました。その後，わが国における成果主義の問題点が指摘されるようになり，現在では，成果以外の側面も組み合わせて評価する方向へと見直しが進んでいます。

このように，人事評価の仕組みは時代に合わせて変化してきました。したがって，企業によって人事評価の対象となる側面は若干異なりますが，一般的なものとして「成果」「能力」「取り組み姿勢」があげられます。成果は，半年あるいは1年といった人事評価の対象となる期間について，担当した仕事のできばえや，数値目標の達成度合いで評価します。能力は，仕事をする上で必要な能力をどの程度もっているかという観点で評価します。取り組み姿勢は，仕事の結果ではなくプロセスに着目し，責任感，意欲，努力などを評価します。

2．人事評価の手法

評価の手法には「絶対評価」と「相対評価」の２種類があります。前者は，すでに決まっている評価基準に照らして，個々人の仕事ぶりを評価するのに対し，後者は，個々人の仕事ぶりを相互に比較して，全体の中の位置づけとして評価するものです。

(1) 絶対評価

絶対評価の中でよく用いられているものとしては「図式尺度法」があげられます。これは，評価項目ごとに評価の程度を示す目盛りを

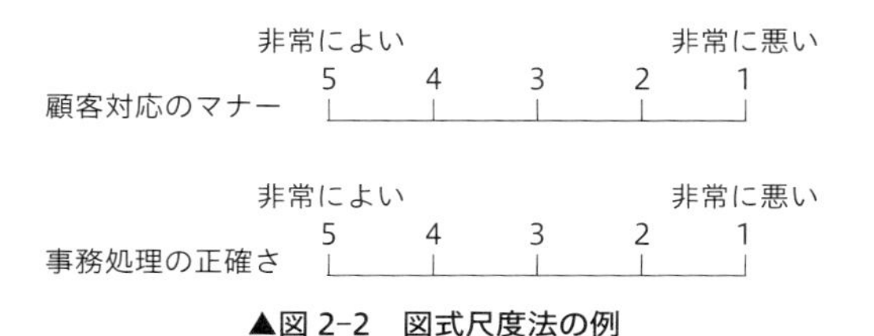

▲図 2-2　図式尺度法の例

もった尺度を用意し，該当するレベルをチェックすることによって評価する手法です（図 2-2）。視覚的にわかりやすいですが，数列のどこに特定するか判断に迷いが生じやすい手法でもあります（山下，2000）。

（2）相対評価

相対評価の代表的な手法としては「分布制限法」がありますが，これは偏差値の考え方に似ています。たとえば，５段階評価のＳに５％，Ａに 20％，Ｂに 50％，Ｃに 20％，Ｄに５％の人が含まれるように評価を調整します。こうすることで，評価がＢばかりに集中してしまう中心化傾向などを防ぐことができます。一方で，この手法は，集団のサイズが小さい場合には調整が困難なこと，集団間の能力格差が反映できないこと，その集団全体の能力レベルが向上した場合でもそれに応じて評価できないことなどの問題が指摘されています（山下，2000）。

3. 評価者

（1）評価者の体系

誰が誰を評価するのかを示したのが図 2-3 です。その人の働きぶりを一番身近で観察している上司が一次評価者となります。通常，課長やマネージャーが，その課やグループに所属しているメンバー全員について絶対評価を行います。その後，さらにその上司，一般的には部長が二次評価者となり，部門全体の一次評価を見渡した上で，相対評価の観点から必要に応じて評価を調整します。最終的には，人事部がさまざまな情報と照らし合わせて，評価の偏りや誤りについて検証し，評価を確定させます。

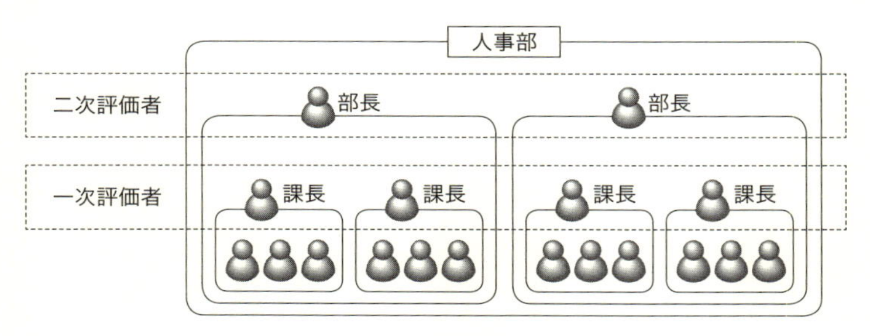

▲図 2-3　評価者の体系

(2) 評価者の陥りやすい誤り

人事評価は，人が人を評価する仕組みであり，誰もが納得するような評価をすることは不可能といっても過言ではありません。採用面接における面接者の陥りやすい誤りを表 2-1 に示しましたが，その多くが人事評価における評価者の陥りやすい誤りにも共通しており，主に「寛大化傾向・厳格化傾向」「中心化傾向」「ハロー効果」「対比効果」「相似効果・非相似効果」「論理的誤差」があげられます。これらに加えて「近接効果」という人事評価のバイアスも知られています。これは，人事評価をする時期の直近の出来事が印象に残り，それによって評価が影響されることを指し，たとえば人事評価をする直前に大きな成果を上げた人を高く評価しやすくなります。

これらの陥りやすい誤りは，経験を積んだからといって確実に避けられるものではありません。したがって，評価者はこれらを理解し，自分の傾向を把握しておくことが必要になります。ここでも，採用面接と同様に，人事担当者が評価者に対してこのような心理的な傾向を伝えたり，研修を実施したりすることで対策できます。

4節　キャリア発達支援

1. キャリア発達

(1) キャリア発達の理論

スーパー（Super, 1957, 1984）は，キャリア発達を「前進する過程」としてとらえ，生涯にわたって繰り返される「選択と適応の連鎖の過程」であることを強調しています。彼は，成長期（0～14 歳），探索期（15～24 歳），確立期（25～44 歳），維持期（45～64 歳），解放

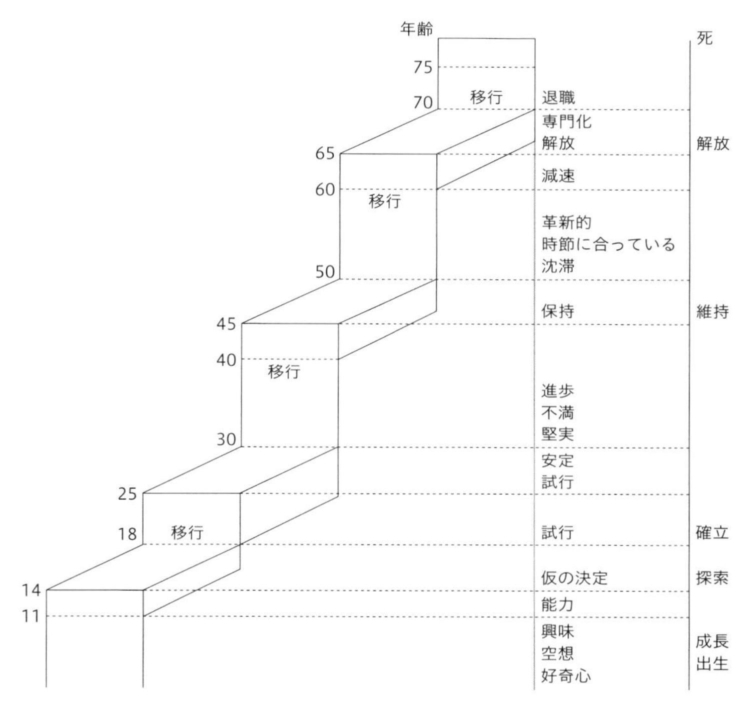

▲図 2-4　スーパーのキャリア発達段階（Super, 1957）

期（65 歳以上）の５段階からなるキャリアの発達モデルを提唱しており（図 2-4），各段階には，達成するべき発達課題が示されています。

しかし，女性の場合は結婚や出産を機に仕事を離れることも多く，女性のキャリア発達をこのモデルで説明することには限界があることから，のちにスーパーは，キャリア発達に役割（ライフ・スペース）と時間（ライフ・スパン）の概念を取り込み，「ライフ・キャリア・レインボー」と呼ばれる図を描写しています（図 2-5）。「子ども」「学生」「余暇人」「市民」「労働者」「家庭人」の６つをあげ，キャリアをある年齢や場面における，さまざまな役割の組み合わせであるととらえています。

（2）組織内のキャリア発達

シャイン（Schein, 1978）は，組織内のキャリア発達の流れを３次元モデルとして提示しています（図 2-6）。水平にいくつかの仕事を経

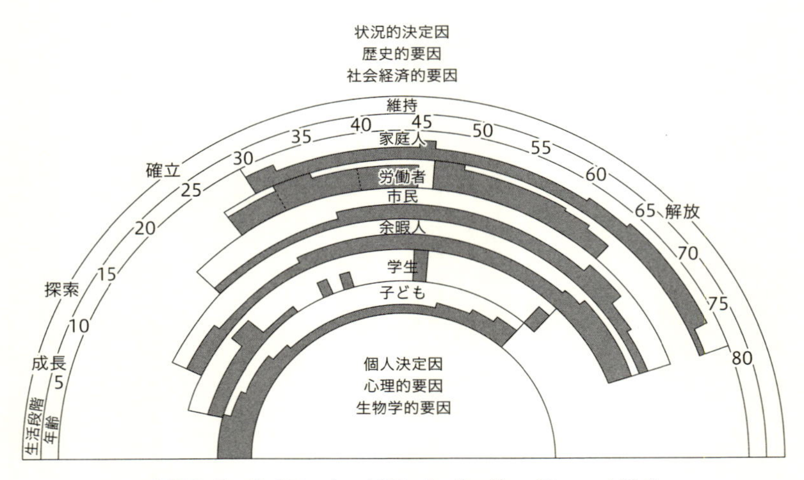

▲図 2-5　ライフ・キャリア・レインボー（Super, 1984）

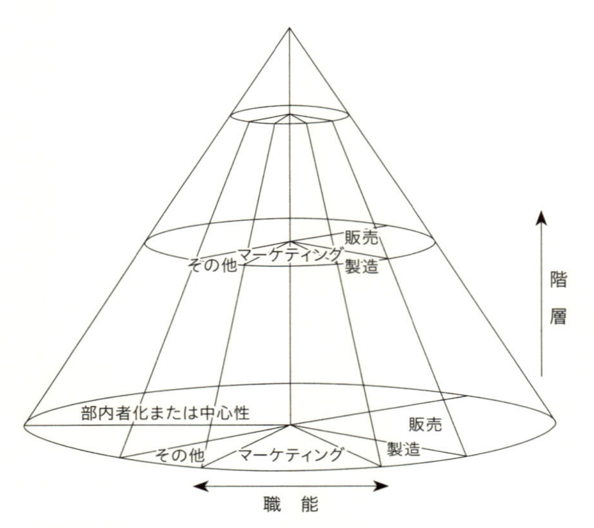

▲図 2-6　組織の 3 次元モデル（Schein, 1978）

験しながら，中核的な仕事をするようになり，さらに経験を積んで役職が上がっていくことになります。

2. 教育研修

個人のこのようなキャリア発達を，組織は「教育研修」という形で支援しています。具体的には，職場内で行われる「OJT」，職場外で行われる「Off-JT」,「自己啓発」の支援に分けられます。

(1) OJT

OJT（On the Job Training）は「職場内訓練」とも呼ばれ，職場の先輩や上司が，後輩や部下に対して日々の仕事を通して知識やスキルなどを教え，指導することを指します。基本的に一対一で行うため，相手の理解度に合わせた細かな教育ができるというメリットがあり，多くの企業で重視されてきました。一方で，その効果は指導者の力量によるところが大きく，指導者は自分の仕事との両立が難しいという課題もあります。また，近年，成果主義の浸透や雇用形態の多様化などにより，先輩と後輩，上司と部下という上下関係が成り立たない職場が増え，OJT が機能しにくい状況になっています。

(2) Off-JT

Off-JT（Off the Job Training）は「職場外訓練」とも呼ばれ，職場を離れたところで行われる集合型の研修や通信教育によって教育することを指します。集合型の研修には，新入社員研修や新任管理職研修といった階層別の研修，営業スキル研修や生産管理研修など仕事内容ごとの研修，40 歳など節目となる年齢に応じた研修などがあります。大人数に対して一度に実施でき，専門的な知識やスキルを体系的に教育できるというメリットがあります。一方で，習得した内容が通常業務に直接結びつきにくいことなどが指摘されています。

(3) 自己啓発支援

自分自身の知識や能力を向上させるために自発的に学ぶことを「自己啓発」といいます。多くの企業では，従業員の自己啓発を促進するために，資格取得講座や通信教育の受講料を援助したり，教育機関やセミナーの情報を提供したりするなどの取り組みをしています。

教育研修の仕事は，働く人の知識やスキルを向上させるだけでなく，長期的なスパンで一人ひとりの状況に合わせた対応が求められるため，キャリア発達という心理学の視点が必要になるのです。

3. 面談

教育研修のほかに，目標による管理やメンタリングを導入し，「面談」という形で従業員のキャリア発達を支援している企業もあります。ここでは，心理学の基礎知識だけではなく，カウンセリングなどの支援技法も役に立ちます。

(1) 目標による管理

目標による管理（Management By Objectives: MBO）は，個人の自主性を重視した企業経営の仕組みで，通常は人事評価とともに運用されています。具体的には，人事評価の対象期間に合わせて，期初に上司と面談を行い，半年あるいは1年の仕事の目標を設定します。ここでは従業員が自主的な目標を掲げ，それが組織全体の目標と整合性がとれるように，上司と相談しながら確定させます。期中は，その目標の達成に向けて取り組み，必要に応じて上司に報告や相談をします。期末になったら，目標の達成度について上司と面談し，自己評価と上司評価のすり合わせを行います。このように，自ら設定した目標に取り組み，それに対して上司からフィードバックをもらうことができるため，目標による管理は，人事評価の枠組みを超えたキャリア発達支援としての機能も果たしています。

(2) メンタリング

目標による管理では上司が支援の担い手となりますが，上司ではない経験豊富な従業員による支援としては「メンタリング」があげられます。メンタリングをする経験豊富な人をメンター，メンタリングを受ける経験の浅い人をメンティと呼び，メンターとメンティの間で，数年にわたり何度か面談が行われます。具体的には，メンティに対して必要な情報を提供したり，情報をフィードバックしたりします（渡辺・平田，2006）。フィードバックする情報の内容は，仕事のやり方から人間関係の築き方，職業人生そしてキャリア形成に関することまで多様です。

5節　まとめ

「人事（じんじ）」の仕事は，まさに人に関わることです。しかし一方で，働く人の内面をおろそかにしていると「人事」はひとごと，つまり他人事だと揶揄されることもあります。この章で紹介した雇用管理，人事評価，キャリア発達支援は，いずれも人の人生に関わる大事な仕事です。心理学を学び続け，真摯に人と向き合っていくこと，そのような姿勢が「人事」には求められていると思います。

人事の仕事①
人を採用する（採用選考）

現場の声 1

採用選考は，企業にとって自社の将来を左右するほどの大切な活動であると言っても過言ではありません。なぜなら，現在はもちろんのこと将来の企業を支える人材を選ぶ機会だからです。実際に，筆者が以前在籍していた企業の経営者は，採用を担当する従業員に対して「自分よりも優秀な人材を採用しなさい」と常日頃から言っていたほどです。では，優秀な人材を採用するために，企業はどのような方法を用いるのでしょうか。採用選考における一般的な方法は，書類選考，筆記試験，適性試験，面接です。

書類選考と筆記試験では，応募者の入社意欲と，入社のための事前準備の状態を確認します。入社したいという思いは，応募書類の記入内容や文字や書き方から判断できます。事前準備の程度は，自社に関連する業界や商品などの知識を確認する筆記試験を行うことで明らかになります。

適性試験では，応募者に，仕事を行う際に必要な能力がどの程度備わっているかを判定する能力的な適性や，職場の雰囲気や仕事の進め方にどの程度合うのかを確認する性格的な適性を主にチェックします。適性試験には，性格を判定するための人間の５つの特性など，心理学の知見が活用されています。

さらに面接では，応募書類や筆記試験，適性試験ではわからない応募者の特徴を，他者との関わり方の観点から見たいときは集団面接やグループディスカッションを，１人の応募者を深く知りたいときは個人面接を行います。

では，自社にとっての優秀な人材を見極めるための個人面接とは，どのように行われるのでしょうか。面接というと，面接官が質問をして，それに対して応募者がちゃんと答えられたどうかで，合格・不合格を判定するものだと思われるかもしれません。もちろん，そうした一面もありますが，実際には面接官の関心は，応募者がちゃんと答えられたかどうかだけに向けられているわけではありません。目の前の応募者がどのような特徴をもっているのかを深く理解すること，つまり，どんな指向や強みをもっていて，もし入社したらそれをどの仕事で，どのように活かしてくれるだろうか，といった点を見極めることを目標にしているのです。面接官は応募者との間で，一問一答を続けるというよりは，会話のキャッチボールを繰り返しながら，応募者の仕事における潜在的な能力や人柄，将来の可能性をイメージしています。

面接官が，応募者との会話を進める際に，常に念頭に置いているのは，先入観をもって応募者を見ないということです。目の前の応募者の言動をありのままに受け入れ，事実（面接場面で発せられた応募者の言葉や，態度，表情など）から応募者の特徴を判断しようと努力します。自分の経験則に基づく思い込みや決めつけを，極力排除することを意識します。そのようにして，応募者のこれまでの経験などを聴いていくうちに，応募者の活動エネルギーの源がどこにあり，どんな状況でどのように発揮されるのかといったことがイメージできるようになります。それにともない，自社の仕事でどのように力を発揮してくれそうなのかがしだいに見えてきます。ここでは，心理学の基礎を身につけているキャリア・カウンセラーが発揮する傾聴力と同様の聴く力が必要となります。

一方応募者は，面接官に自分の話をじっくりと聴いてもらうことにより，自分自身の指向や関心，強みや能力などを発揮してきた場面を，自問自答を繰り返しながら，さらに強く自覚できるようになります。そして，もしこの会社に入社したら，どのように自分の力を発揮できそうなのか，あるいは力を発揮するのが難しそうなのかについて，より具体的に描けるようになってきます。

面接におけるこの一連のプロセスや状態を，面接官と応募者がお互いに共有することで，双方に信頼関係が構築されます。そして面接官は，イメージした応募者の自社で働いている姿が，求める人物像と適合すると判断すれば，おのずから入社，あるいは入社後のことを話題にして会話を続けていきます。一方応募者も，面接官との対話を通じて，この会社で自分のもっている力を発揮できそうだと思えば，入社したいという気持ちがますます強まりますし，そうでなければ，自ら選考を辞退するという状況にも至ります。

このように，対話を通じて応募者の指向や強みを明確にし，仕事のどのような場面で活かされそうなのかを見極めようとする面接官の姿勢は，心理学をしっかりと学んだキャリア・カウンセラーが，クライアントの強みやよいところを見出そうとカウンセリングに臨む姿勢と，非常に近いものがあります。自社にとって優秀な人材を，採用選考で見極めるためは，心理学に基づくキャリア・カウンセリングのスキルなくしては行うことができないといえるでしょう。

人事の仕事②

人を評価する（人事評価）

現場の声2

人事評価は公平かつ適正に行われることが非常に重要ですが，心理学の研究でよく知られる「寛大化傾向・厳格化傾向」「中心化傾向」など，いくつもの陥りやすい誤りがあります。人が人を評価するということは大変に難しいため，企業ではいくつものリスク回避の手段を講じています。

その１つが，「基準人材」で評価者の目線を合わせるというやり方です。もともと企業は，賃金・賞与・昇格査定をし，配置・異動・昇進を決めるためだけに，人事評価をしているわけではありません。評価結果を社員の能力・キャリア開発，動機づけとしても活用しているため，筆者の会社では評価者である課長がふだんから，評価結果を部下の長所・課題などとあわせて分析し，中長期の育成方向を考えるとともに，それを他の課長や部長と「人材開発会議」という場で共有しています。評価に際しては，大きなプロジェクトを任されて働きぶりが広く知られているような社員を基準人材として選んで，直属の課長だけではなく，同じ部にいる他の課長も評価を試みます。その結果，人による違いがあった場合に，評価基準をすり合わせながら最終合意を作っていきます。この作業を通して，評価者が自分の癖を知り，ゆがみを矯正することができます。

人事評価は，最初に社員の自己申告を評価者が面談で確認するところから始まります。自己評価は高すぎたり低すぎたりといったことがあるため，評価者は社員にその理由を尋ね，評価者の考えとすり合わせていきます。たとえば「昨年より頑張ったから，自分を評価してもよい」という社員がいた場合，社会も会社も成長しているときに，自分なりに頑張ったことが必ずしも評価が上がる理由にならないということを確認していきます。評価は１人の課長だけがすることはなく，多くの会社で２次評価がされているように，筆者の会社でも，部長が２次評価者となります。複眼で評価するという意味のほかに，部長が横串となってすべての課の評価に入ることにより，課の違いによる評価のばらつきが抑えられます。

最終的には，「考課会議」という場で，社員一人ひとりの評価を部のすべての評価者とともに，人事部も入って決めていきます。人事部が入ることによって，部の違いによる評価のばらつきが抑えられます。この場では，業績は上がっているが同僚をまったく気にかけず周囲に悪影響を与えている社員を最終的にどう評価するかなど，悩ましい話が多く出ます。例にあげたような，業績と行動が食い違う場合，筆者の会社では，あるランクまでは業績評価と行動評価を総合して人事評価となるため，行動に問題があれば評価に影響します。一定ランク以上になると，行動面は基本的にはできているものとされ，人事評価は業績のみに基づいてされます。ただ，ずば抜けて素晴らしい行動，反対に極端にネガティブな行動については評価に反映させることもあり，杓子定規ではなくこのような考慮がなされることこそ，公平かつ適正な評価といえると考えます。業績と並行して能力を評価する会社もありますが，筆者の会社ではもてる能力も含めて結果としての業績を評価しており，個別の能力評価はしていません。何をどんな観点で評価するのかは会社の考え方によってさまざまです。

こうした検討過程や結果はすべてタレントマネジメントシステムというデータベースに残され，履歴を参照することにより，これまでにどんな判断がされてきたのかを知ることができます。公平で適正な評価には，一貫性もとても大切なことで，人事異動があっても評価者が変わっても，同じ人事制度のもとでは統一された考え方で評価がなされることが非常に重要です。

最後に，ここまで苦心してされた人事評価が，きちんと社員に伝わらなければ意味がありません。評価を伝える面談では，評価者は最終結果とともにフィードバックコメントを伝えます。

企業が人事評価にここまで手をかけるのは，公正かつ適正な評価によっていかに従業員のモチベーション・パフォーマンスが上がるかが数々の心理学の研究で明らかになっているからです。職場での取り組みが働く人にどのような影響を及ぼすかは特に産業・組織心理学という分野で研究され，その成果はここでもご紹介した「自己申告＋複眼評価」や「フィードバック面談」など，現場の施策としてさまざまに取り入れられています。人事の取り組みは心理学と密接な関係をもっているといえます。

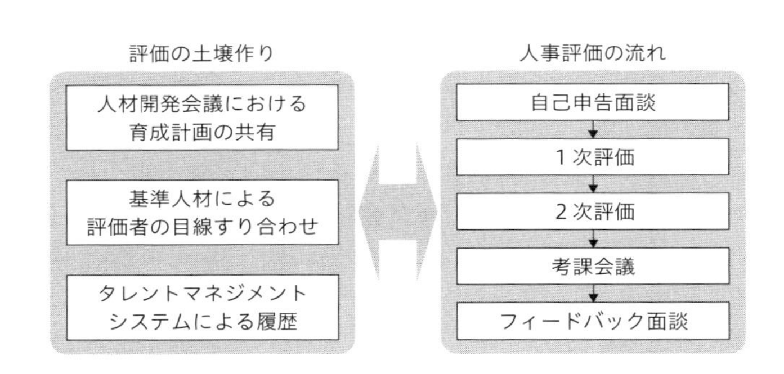

人事の仕事③

再就職を支援する（セカンドキャリア支援）

現場の声 3

筆者は，現在は大学でキャリア教育に携わっていますが，以前は民間企業でキャリアカウンセラーとして社員の方のキャリア形成支援に長く携わってきました。キャリアカウンセラーは，キャリア心理学，カウンセリング心理学，生涯発達心理学，産業・組織心理学などの心理学の専門知識をもとに，相談に来られた方の自己理解の促進，職業や職場の選択・決定，仕事や職場への適応，職業生活で遭遇するさまざまな問題や悩みの解決，職業や仕事を通した生涯にわたる発達や成長を援助する専門職です。キャリアカウンセラーは，筆者のように企業の中で活動するほか，ハローワーク，人材紹介会社，大学のキャリアセンターで活動しています。企業でのキャリアカウンセラーはまだそれほど多くはありませんが，職業能力開発促進法の改正で，事業主に対して，労働者の職業生活設計とそのための職業能力の開発と向上に関し，キャリアコンサルティングを提供することが義務づけられ，またキャリアコンサルティングを行うキャリアコンサルタントが国家資格化されたため，今後企業で活動するキャリアカウンセラー（キャリアコンサルタント）が大きく増えていくことが見込まれています。

さて，本コラムのテーマであるセカンドキャリアですが，中高年が早期退職や定年退職後に，女性が出産・育児の後に，また，スポーツ選手が引退後に就く，第二の人生における職業・キャリアのことを指す言葉です。ここでは，中高年のセカンドキャリアとその支援に絞って紹介します。

以前は，日本では終身雇用と年功序列制度のもとで，多くの社員（主に男性正社員）は１つの会社で会社主導のもとで，キャリアを形成し定年まで勤め上げ，定年後は余生を過ごすというのが一般的でした。しかし，日本人の平均寿命が大きく伸び，人生 80 年，90 年の時代になり，定年後の長い人生，セカンドライフをどのように設計し過ごすかが大きな課題となってきました。また，日本のシニアの就業意識の高さ，公的年金の支給開始年齢の引き上げも定年退職後のセカンドキャリアの必要性につながっています。さらに，バブル経済崩壊以降の日本経済の停滞，技術革新の進展，グローバル競争の激化などから，中高年社員を対象とした人員削減の実施，早期退職制度の導入，役職定年制度の導入などにより終身雇用や年功序列をベースとした雇用慣行が崩れました。その結果，40 代後半から 50 代の多くの中高年社員が，会社の中で活躍する場や役割がなくなったり，あるいはリストラや早期退職によってセカンドキャリアをスタートせざるを得ない状況も多くなってきました。したがって，現代の中高年の社員にとっては，セカンドキャリアをどう選択し築いていくかはキャリア上の重要な課題となっているといえます。

一方，中年期はライフサイクルや生涯発達の視点から見ても，人生半ばの危機期であるといわれています。心身，家族，仕事におけるネガティブな変化や体験により，これから先の自分にできる仕事や業績，出世などに限界を感じ，これまでの人生やキャリアへの問い直し，自分らしさや納得できる生き方・働き方の模索・見直しが行われる時期であり，この危機を乗り越えることが中年期の発達課題であるといえます。

このような背景から，多くの中高年社員がキャリア相談室に来談されます。会社のために一生懸命頑張ってきたが事業の構造改革で自分の仕事がなくなってしまい，これから先のキャリアが見えない，第一線の仕事から外れ若手を支援する役割になり，やりがいや意欲がもてない，役職定年で管理職を降り現場の仕事をすることになったが気持ちが適応できない，自分の居場所がなくなりつらい，自分の経験や能力を活かせる場がない，セカンドキャリアを考えたいがどうしたらよいかわからない，定年後のセカンドキャリアをどのように設計しらたよいかわからない，などといった相談です。

キャリア相談の中では，来談者と一緒に，これまでのキャリアの歩みを振り返り，その方の価値観，強みや弱み，モチベーションの源泉などを再確認していきます。その中で来談者は自分の思い込みに気づいたり，自身の多様な可能性に気づいたりします。そして自分らしさや，納得できる働き方は何か，役割が変化する中で他者との関わりをどうしていくか，新しい仕事の仕方や役割をどう構築していくかを考え，これからのキャリアの方向性を見出し，セカンドキャリアも含めた今後のキャリアに踏み出していく支援をします。相談に来られた中高年の社員が，中年期の発達課題を乗り越え，新たな仕事や役割，セカンドキャリアにチャレンンジしていく姿を見ることは，キャリアカンセラーにとって大きな喜びであり，キャリアカンセラーという仕事に携わってきてよかったと感じられるときでもあります。

キャリアカウンセラーにとって，心理学の理論や知識は必要不可欠なものですが，学生や若い人たちが，キャリア心理学，生涯発達心理学，産業・組織心理学を学ぶことは，これからのキャリアを形成していく上で大いに役立つことでしょう。

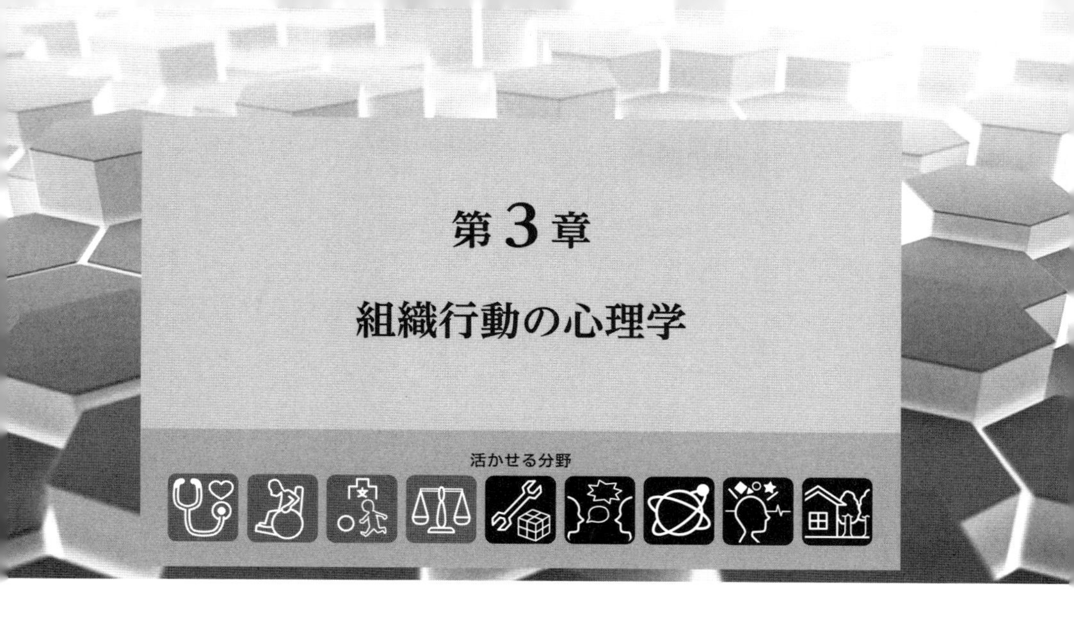

1節　組織とは

私たちが自分１人でできることには限りがあり，多くの人が集まることで大きな目的を達成することができます。また多様な人が交流することで，新たなアイデアが創り出されることもあるでしょう。多くの人が集まり，ルールや役割分担ができると，それは「組織」と呼ばれます。組織の中で人が働いたり人間関係を作ったりすることを「組織行動」といい，心理学の観点から考えることができます。この章でははじめに組織とはいったい何なのかということを概観した上で（1節），そこでの人の行動について（２～５節）見ていきます。

1．組織の構造

組織はいくつかの部門の組み合わせから成り立っており，企業などが示す組織図から読み取ることができます。この組織の構造には，主に職務（仕事内容）の分業と指示系統の設定が含まれます（図 3-1）。

職務の分業は，組織全体がもつ機能や事業を分割したものであり，「水平方向の分業」と呼ばれます。そのうち，企画・開発，製造・生産，営業・販売など，仕事の機能（働き）の種類ごとに分割されたものを「職能別の分業」と呼び，その組織がもっているプロジェクトや事業ごとに分割されたものを「事業部別の分業」と呼びます。さらにこの機

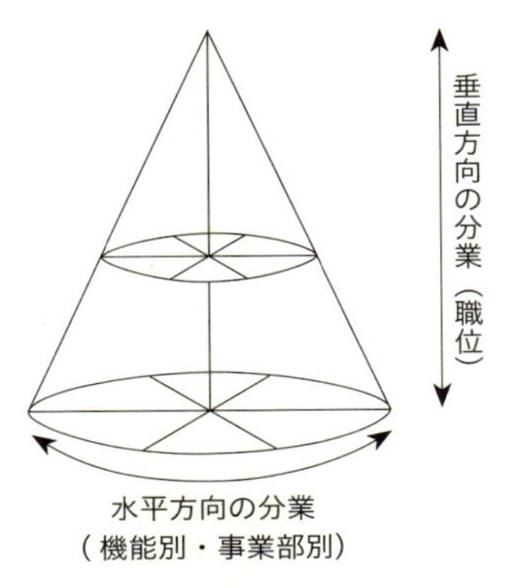

▲**図 3-1　組織の構造**（Schein, 1978 より作成）

能別の分業と事業部別の分業を組み合わされる場合もあります。

指示系統の設定については，職位や職階による「垂直方向の分業」がなされます。すなわち，上司・部下関係です。この分業によって，誰がどこまで責任をもつのかがはっきりしたり，意思決定の道筋がスムーズになったりします。

このような組織の分業について，役割の分担と責任の所在を明らかにすることで，組織に所属する人々が動きやすくなることが期待されます。

2．組織文化

組織には，上で見てきた公式の組織図や構造だけが存在するわけではありません。組織にはまた，はっきりと決められていないけれど自然に作られている独自の価値観や行動スタイルが存在します。これを「組織文化」と呼びます。

組織文化についてシャイン（Schein, 1983, 2010）は，３つのレベルがあると提示しています（図 3-2）。レベル１は「文物」に関する文化であり，目で見て観察できる組織の構造や手順です。たとえば職場の机やいす，壁のレイアウトや時間や場所の使われ方，人々の服装や話し方，感情の表出のされ方などから文化のありようを探ることができます。レベル２は「標榜されている価値観」に関する文化です。そこには組織がうたう経営理念やビジョン，戦略や哲学，価値観や信念があたります。学校組織でいうと「校訓」や「クラス目標」にあたり

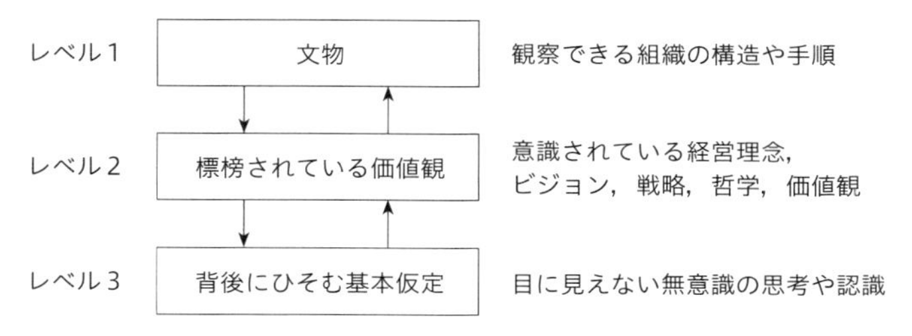

▲図 3-2　組織文化のレベルと相互作用（Schein, 1983 より作成）

ます。これらは合理的で意識されたものです。

これらのレベル1とレベル2をつき合わせる中で，不一致で矛盾した点が出てきます。たとえば，「会議では上司は部下の意見を取り上げない行動（レベル1）」がみられるのに，メンバーは「自由に意見を言い合う（レベル2）」という価値観があると言っているような場合です。この不一致を探っていくと，「本当はトップダウンをよしとする」「偉いお父さん的存在についていく」というような，より深いレベルの暗黙の思考や認識が存在していることに気づきます。これがレベル3「背後にひそむ基本仮定」です。

組織が抱える困難な状況を解決するには，組織文化をこの深いレベル3まで探って，メンバーがそれに気づいていくことが重要になるでしょう。

3. 組織の発達

組織はいったんでき上がった後，その働きや構造を変わらないまま保ち続けるものではありません。組織も人のように，社会との関わりの中で発達・成長していきます。

山口（2006）は先行研究をもとに，図 3-3 のように組織の発達を示しました。組織が生まれた直後には，メンバーは共通した意識ややる気をもち，一丸となって取り組みます（幼年期）。その後少しずつ構造やルール，人間関係が整理されていき（青年期），組織全体として成熟します（壮年期）。しかしそのままだとでき上がったシステムに従うだけで，組織の外の環境の変化に適応できなくなります。そうするとやがて組織は衰退・消滅します（老年期）。

組織が生き残るためには，成熟した後に外部環境に適応するための

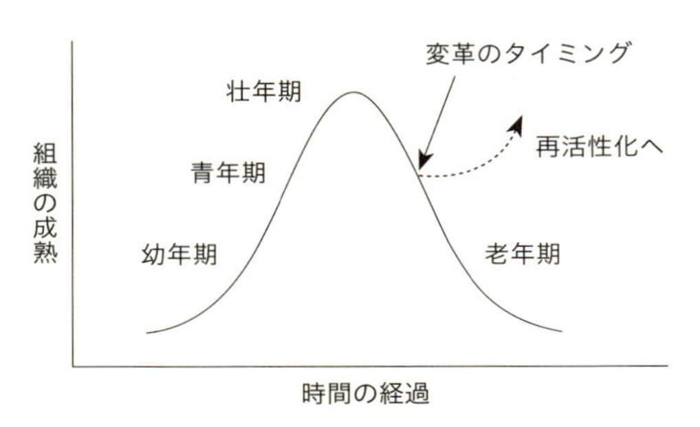

▲図 3-3　集団発達のモデル図（山口，2006 より作成）

変革にチャレンジして再活性化することが重要だといえます。特に情報化・国際化によって外部環境が激しく変化している現代においては，組織は新しく柔軟に変革していく必要に迫られることが多いでしょう。

2節　ワーク・モチベーション

1．ワーク・モチベーションとは

組織の中で人が行動するときに重要な側面は，意欲的に働くということです。ここには心のもちよう，感じ方，わき起こるやる気が関連します。目的への意欲をもって働くときの心の動きを，「動機づけ」や「モチベーション」と呼びます。ここではその代表的な理論を紹介します。

2．欲求階層理論

マズロー（Maslow, A. H.）は，人間のもつ欲求は段階的になっていて，より低いレベルの欲求が達成されるとその上のレベルの欲求が起こるという「欲求階層理論」を示しました（図 3-4）。最も低いレベルの欲求は「生理的欲求」であり，食欲や睡眠欲に相当します。次には危険を避けて心身の安全や保護を求める「安全と安心の欲求」，居場所や愛情が与えられることを求める「所属と愛の欲求」，他者から認められたり自分で自分を尊重する「承認（尊敬）欲求」と続きます。これらはまとめて「欠乏動機」と呼ばれ，不足していると人が求めたくなる欲求です。

これらが満たされた後に起こる，生きがいをもちたい，自分を成長

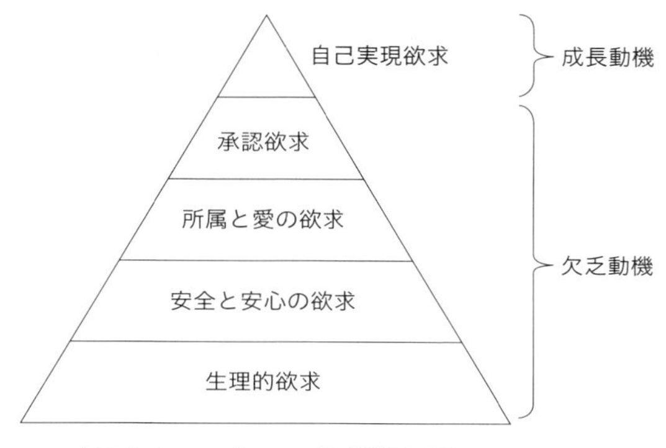

▲図 3-4　マズローの欲求階層理論

させたいという欲求は「自己実現欲求」です。これは欠乏動機のように欲求が満たされたらその後はおさまるものではなく，「成長動機」として限度なく続いていく可能性があります。

3. 衡平（こうへい）理論

欲求が起こった後には，心の中で何らかの判断がなされた上で，行動に結びつくといったプロセスがあります。そのうち，人は自分の行動と他者の行動を比較することでモチベーションを変化させるというものが，アダムス（Adams, 1965）による「衡平（こうへい）理論」です。

図 3-5 に示すように，人は自分が費やしているエネルギーや時間と，それにともなう報酬や評価などの結果の比と，他者のそれらの比とを見比べて，なるべくその比がつり合うようにモチベーションをコントロールするというものです。自分の努力と報酬の比が他者のそれとつり合っている場合には努力を持続させ（①），自分のほうが他者よりも努力における報酬が少ないと判断すれば（つまり，頑張っても割に合

① $$\frac{\text{自分の報酬}}{\text{自分の努力}} = \frac{\text{他者の報酬}}{\text{他者の努力}} \Rightarrow \text{努力の持続}$$

② $$\frac{\text{自分の報酬}}{\text{自分の努力}} < \frac{\text{他者の報酬}}{\text{他者の努力}} \Rightarrow \text{努力の減退}$$

③ $$\frac{\text{自分の報酬}}{\text{自分の努力}} > \frac{\text{他者の報酬}}{\text{他者の努力}} \Rightarrow \text{努力の増大}$$

▲図 3-5　衡平理論（Adams, 1965 より作成）

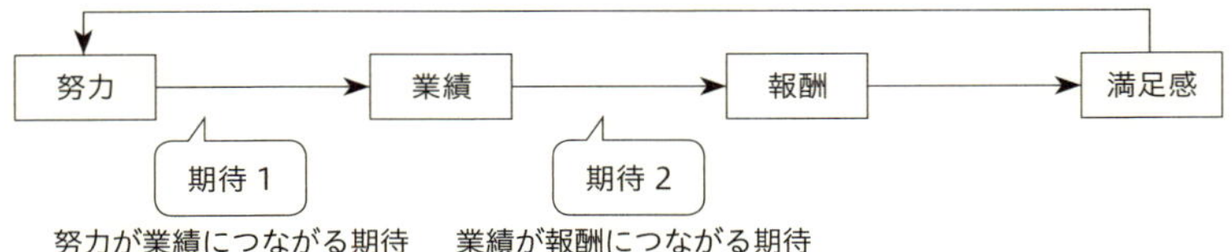

▲図 3-6　モチベーション－業績－満足感のサイクル
（Lawler, 1971 より作成）

わないと思えば）努力を減らし（②），逆に自分のほうが他者よりも努力における報酬が多いと判断すれば（つまり，他の人より手抜きをしていると思えば）努力を増やします（③）。

4．期待理論

その後ヴルーム（Vroom, V.）の「期待理論」を経てロウラー（Lawler, 1971）は，モチベーションと業績と満足感のサイクルに関する総合的なモデル図を提示しました（図 3-6）。人が働こうとするとき，自分の努力が結果（業績・成績）につながるという期待（期待 1）と，その結果が自分にとって意味のある成果（報酬・報償）につながるという期待（期待 2）がもてれば，モチベーションを高めて取り組むことができるということです。

そして，期待どおりに報酬をもらえれば満足感は上がりその次のモチベーションにもつながりますが，業績を上げても期待した報酬が得られない場合には，満足感が低くなるだけでなく，次の行動のモチベーションを低下させることにもなります。

ここから，組織は業績と報酬，個人の満足感を関連させてアップさせる方法を見つけることが大切だと考えられました。

3 節　職場の人間関係とコミュニケーション

1．人間関係とコミュニケーションの効果と困難

職場に限らず集団やチームでは，メンバー同士の関係やコミュニケーションが発生します。この関係性が，組織の課題達成のために効果的に働く場合もありますし，逆効果になる場合もあります。それは，そこに参加する人たちの心理が，お互いに影響を与え合いながら動い

ているためです。ここではそのいくつかの現象を紹介します。

2. 集団での意思決定

(1) 集団思考(浅慮)

「3人寄れば文殊の知恵」ということわざが示すように，集団では1人よりもよりよい意見が生み出されるのでしょうか。必ずしもそうではないことが見出されています。

集団を維持しようとするばかりに，合理的な判断ができなくなるという「集団思考」が起こることをジャニスは指摘しました (Janis, 1982)。このとき集団は，集団内で意見を同じにする圧力が非常に高く仲間の反論を許さないという状態になります。その一方で，集団外には偏った理解をもったり，外からの情報を遠ざけたりします。その結果，集団は非現実的で幻想的な思考を抱きやすくなります。集団での犯罪にしばしばみられる現象です。

このような集団には，①「まとまりが高すぎること」②「集団の孤立」③「リーダーシップの欠如」④「正当な手続きを守る規範のないこと」⑤「メンバーが同じ価値観・信念をもっていること」⑥「強いストレス状況」といった特徴が見出されています。

したがって，周りに認められにくく孤立しがちな集団や，閉鎖的に運営されている集団では，誤った判断がされやすいため，他者による介入や支援が大切になると考えられます。

(2) 集団極化現象

集団での判断が必ずしも合理的にならないもう1つの現象として，「集団極化現象」があります。これは，もともとの個人がもっていた意見の平均よりも，集団での議論は極端な結果にたどりつくことを示します。極端な方向は，よりリスクを高める場合と，リスクを回避して慎重になる場合の2通りがあります。どちらの場合も，他のメンバーの意見や集団のもつ規範(チャレンジを求めるのをよしとするのか，慎重に判断するのをよしとするのか) に同調することによって起こります。

したがって集団での議論をした後には，そのプロセスをなるべく客観的な視点で振り返り，極端な判断になっていないかをチェックすることが必要になると考えられます。実際に第三者に相談してみるのも，振り返りのよい機会となるでしょう。

3．対人葛藤と方略

(1) 対人葛藤の影響

集団やチームの中で，メンバー間で意見が合わなかったり，感情的な対立が起こることもあります。この心理的な緊張状態のことを「対人葛藤」と呼びます。このような葛藤は，働く人や職場にどのような影響を及ぼすのでしょうか。職場での葛藤の及ぼす影響は３つにまとめられています（Carsten, 2011）。

１つ目として，葛藤に対して受身的に対応していると，葛藤が長引きメンバーはやる気を失い健康状態も悪くなります。一方，積極的に問題解決的に対応しようとすると，メンバーのやる気が高まり，健康状態もよくなります。２つ目として，葛藤に関して自分の意見をきちんと主張すると，創造的な思考が起こりやすくなります。ただし，その目的が自分自身のためではなく，相手や組織全体のためである場合に限ります。３つ目として，メンバーが互いに信頼し合って長期的な目標を共有していれば，協力して対応しようとするため，ネガティブな影響は起こりにくくなります。

複数の人が集まれば，必ず何らかのトラブルは起こります。しかし，それに対して能動的に協力して対応すれば，クリエイティブな解決をもたらすことができるため，その集団にとって成長のチャンスとなるでしょう。

(2) 対人葛藤方略

葛藤が起こったときにその解決を試みる対応を「葛藤解決方略」と呼びます。葛藤解決方略の種類としては，プルットらが複数の研究をまとめています（Pruitt, Rubin, & Kim, 2003）。そこでは「自己への関心」と「他者への関心」という２次元を設定して，その強弱によって４種類の方略を位置づけました。

１つ目は，自己への関心が高く他者への関心が低い「主張」です。自分の考え方のみを押しつけたり，自分の利得のために努力をするという態度を示します。２つ目は，他者への関心が高く自己への関心が低

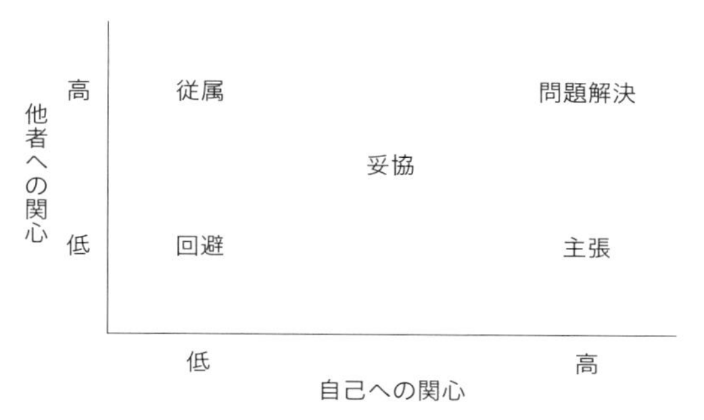

▲図 3-7　対人葛藤方略における２次元モデル
(Pruitt et al., 2003, van de Vliert & Hordijk, 1988 より作成)

い「従属」です。自分の気持ちは抑えて他の人の希望を優先したり，他者に配慮しようとする行動が含まれます。３つ目は，自己への関心も他者への関心も高い「問題解決」です。自分にとっても他者にとっても適切な解決が見つかるように努力しようとする行動です。４つ目は，どちらの関心も低い「回避」で，他者との対立的な関わりを避けたり他者との違いを感じないようにするものです。この４種類に加えてヴラートとホーディク（van de Vliert & Hordijk, 1988）は，「妥協」を提示しています。これは，お互いに少しずつ妥協するという方略です。これらを図示すると図 3-7 のようになります。

このうち問題解決が最も望ましいですが，妥協も現実可能性が高い，ほどよい方略です。個人や集団によって，いずれかの方略を偏ってとりやすい場合がありますので，それに気づくことが大切といえます。

4節　リーダーシップ

1．リーダーシップとは

組織やチームが課題達成のために人間関係を維持するとき，「リーダーシップ」がきわめて有効な働きをもちます。このリーダーシップは，目に見えるスキルやノウハウだけではなく，特性や行動など人の心に深く関わるものです。

さてリーダーシップは一般的には，リーダーのみが一方的に発揮する能力としてとらえられることが多いでしょう。しかし多くの研究からは,「集団目標の達成に向けてなされる，集団の諸活動に影響を与える過程」と定義されています（Stogdill, 1974）。

ここで重要なのは，１つ目にリーダーシップは個人の役割ではなく集団に影響を与える機能（働き）であること，２つ目にリーダーシップの影響だけでなく，他のメンバーによる反応との相互作用が必要なこと，３つ目に管理者や上司だけでなく，すべてのメンバーが発揮する可能性をもっていることです。このように考えると，その組織やチームに関わった誰もが，共有する課題達成のためにリーダーシップをもつことができるといえるでしょう。

2. リーダーシップの特性

では，リーダーとしてふさわしい特性にはどんなものがあるでしょうか。研究の結果，リーダーは①「能力」②「素養」③「責任感」④「参加性」⑤「地位」が優れていることが示されました。ただし，これだけでは効果的なリーダーシップを全て説明することはできません。

3. 行動から見たリーダーシップ

その後，リーダーシップを特徴づける行動が研究されてきました。その結果，課題の達成に関連する行動と人間関係に関連する行動の２次元があるということがわかりました。

三隅（1984）は，目標を決定して計画を立て，メンバーに指示をすることによって課題を達成させる「課題達成（Performance）機能（Ｐ機能)」と，メンバー間の人間関係をよくして，集団のまとまりを保つ「人間関係維持（Maintenance）機能（M機能)」から成るPM理論を提唱しました（図3-8)。２つの機能の高低によって，PM型（Ｐ機能もM機能も高い)，Pm型（Ｐ機能は高くM機能は低い)，pM型（Ｐ機能は低くM機能は高い)，pm型（Ｐ機能もM機能も低い）と分類しました。すると，PM型が最も効果的なリーダーシップ機能を発揮できることがわかりました。

このようにＰ機能とM機能はともに高いことが望まれますが，これらはかなり質の異った行動であるため，１人があわせもつことは難しいものです。その際，グループの中のある人がＰ機能を担い，別の人がM機能を担うといったようにリーダーシップを分け合うことによっ

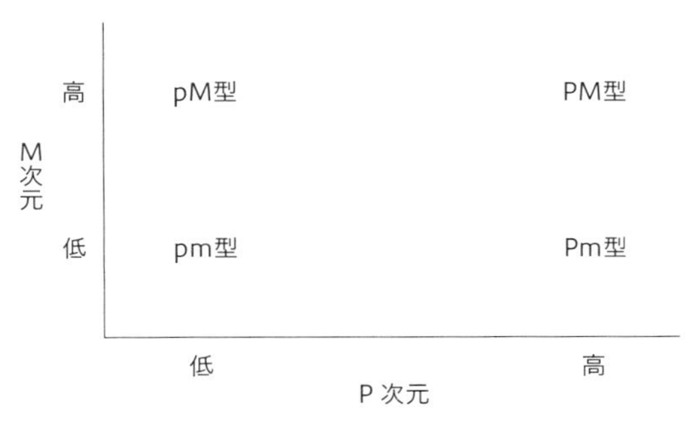

▲図 3-8　PM 理論（三隅，1984 より作成）

て，グループ全体の PM 機能を高めることもできます。

4. 状況によるリーダーシップ

さらにこれらの２つの機能は，状況によってその効果が変わるというコンティンジェンシー・モデルが提案されています（Fiedler & Chemers, 1967）。ここでは，集団の発達過程に応じたリーダーシップ・スタイルを提示したハーシーとブランチャード（Hersey & Blanchard, 2012）の状況的リーダーシップ論を紹介します（図 3-9）。リーダーシップの機能は指示的行動（水平方向）と協調的行動（垂直方向）に分け，図中の曲線は効果的なリーダーシップ機能の変化を表しています。また職場の発達はメンバーの能力・知識・技術の熟達度（水平方向）と集団の協力的な意欲・態度（垂直方向）から，４段階を設定して図の領域で示しています。

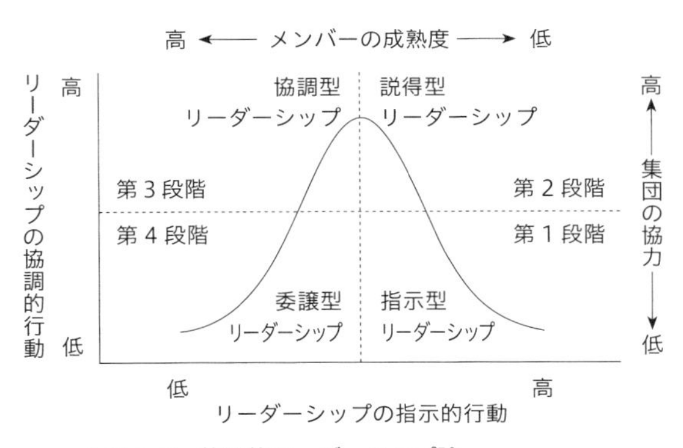

▲図 3-9　状況的リーダーシップ論
（Hersey & Blanchard, 2012 より作成）

集団が未熟な第1段階では，指示的行動の多い「指示型リーダーシップ」が効果的です。集団の協力関係が増してくる第2段階では，指示的行動だけでなく協調的行動も高い「説得型リーダーシップ」が効果的となります。やがてメンバーが成熟してくる第3段階になると，指示的行動を減らし協調的行動を重視した「協調型リーダーシップ」が効果的となります。そしてその後集団の意欲が衰えてきた第4段階では，リーダーはその権限を他にゆずってメンバーを見守る「委譲型リーダーシップ」が有効になります。

第4段階においては，集団の変革をもたらすための新しいリーダーシップが発揮される可能性が必要であり，次に紹介する理論の発展につながります。

5. 変革型リーダーシップ

急速に変化する外部環境に適応しなければならないとき，また組織が老年期に入ったときには（1節「3. 組織の発達」参照），リスクをとっても新しい視点を与えて変革行動を実践するリーダーシップが必要となります。

バスとリッジョ（Bass & Riggio, 2006）は「変革型リーダーシップ」には，①「理想化された影響やカリスマ性」②「モチベーションの鼓舞」③「知的な刺激」④「個別の配慮」といった4つの行動が存在すると示しています。このようなリーダーシップを発揮することで，組織や集団の大きな変革をもたらすことが期待されます。

6. 適応的リーダーシップ

近年では，より柔軟に組織外の環境と組織内の状況に適応していくために，ハイフェッツによって「適応的リーダーシップ」が提唱されています（Heifetz et al., 2009）。

このリーダーシップには，①「バルコニー」に立つように俯瞰して全体を見渡しながら」②「起こっている課題を見定めること」③「メンバーの苦痛を和らげながら」④「取り組むべき課題への注意を促すこと」⑤「メンバー自身に取り組ませて」⑥「メンバーからの声を大切にすること」といった特徴があります。ここには，批判や恐怖なく安全で安心な環境の中で，リーダーとメンバーがお互いに交流しながら，適応的に課題を乗り越えるというリーダーシップのあり方がみられます。

5節　効果的なチームワーク

1．効果的なチームワークの検討と実践

組織が効果的に働くには，実際にどのような試みが重要になるのでしょうか。ここでは効果的なチームワーク作りに役立つ方法のうち，人の心について説明しているものを紹介します。

2．チームの有効性の検討

ウェスト（West, 2012）はチームが効果的に機能するためには，チームメンバーは「タスク（課題・目的）の振り返り」と「社会的な振り返り」をする必要があると述べています。タスクの振り返りとは，チームメンバーがチームの課題・目的を達成する方向や方法について，定期的にチェックし見直すというものです。社会的な振り返りとは，メンバー間の人間関係やチーム全体の雰囲気，文化を確認するというものです。これらの振り返りの程度が高いか低いかで，図 3-10 のような4タイプを提示しています。

タスクの振り返りも社会的な振り返りも高い「弾力的なチーム」では，目的達成のために努力・改善していると同時に，メンバー間の関係やメンバー自身が健康で良好な状態にあります。このチームは外的環境に適応して，革新的で効果的な仕事をすることができます。次に社会的な振り返りは高いがタスクの振り返りは低い「自己満足のチー

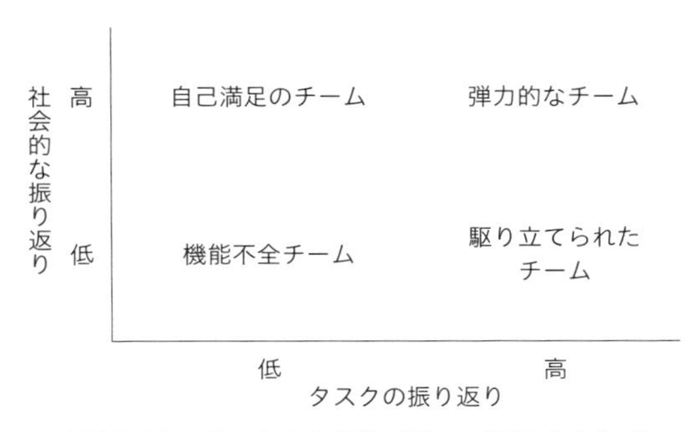

▲図 3-10　チームの有効性（West, 2012 より作成）

ム」では，チーム内の人間関係は良好ですが，チームの課題を効果的に遂行することについて向き合う機会が少ない状態にあります。したがって，チームは課題達成がなされづらく，存続が困難となりがちです。反対に，タスクの振り返りは高いが社会的な振り返りは低い「駆り立てられたチーム」では，できるだけ早く課題目標を達成しようと集中しているのですが，チーム内の人間関係やサポートには気を配られていません。したがって短期的な成果は上げやすいのですが，メンバーは安心感やモチベーションをもちにくいため，長期的な効果は見込めません。最後に両方の振り返りとも低い「機能不全チーム」では，目標達成にもチーム内の環境にも目が配られず，メンバーは不満と不安を抱き，チームのパフォーマンスは落ちることになります。

したがって，タスクの達成をチーム内の人間関係の２つについて，メンバーが内省して見直すことによって，弾力的なチームになっていくことが，効果的なチームワークを発揮することにつながるといえるでしょう。

3. コーチングに基づくチーム・マネジメント

チームを有効に動かす方法として，コーチングの技法に基づいたチーム・マネジメントが提示されています（古川，2004）。コーチングとは，メンバー自身の主体性や自主性を重視し，それを活かしながらメンバーの能力，安心，満足を目指すものです（Palmer & Whybrow, 2008）。

そのためには，コーチ（リーダー，上司，専門家）はメンバーの成長に関心をもち，メンバーの能力や意欲に信頼をもつという基本的態度が必要です。具体的には，①「メンバーに関心をもちつつ観察する」②「メンバーの意図や気持ちについて丁寧に聴いて受け止める」③「メンバーに迷いがあればそれを明確にするような質問をする」④「メンバー自身の意思を整理して必要な助言をする」という相互作用的な関わりを行います。

この取り組みは，先に見た「社会的な次元」の活動を活性化しながら，「タスクの次元」の活動も向上させるものだということができるでしょう。

6節　まとめ

これまで見てきたように，人々が集まり助け合ったり協力し合うことで，私たちはより充実して過ごせるようになる一方で，新たな難しさやトラブルが起こることもあります。これらは個人1人に注目するだけで解決できることではなく，人間関係や組織全体を見ることが必要になります。このような他者や社会との関わりにおける個人の行動も，心理学の観点から考えることができます。みなさんの身近な生活の出来事にも，ここで紹介したような視点を活かして考えてみると，きっと新しい発見があるでしょう。

組織の仕事①

会社を率いる（トップマネジメント）

現場の声4

筆者は従業員約 1,200 名（非正規含む）の塾で，代表取締役塾長の役割を担っています。

◉ トップマネジメントの役割

トップマネジメントの仕事で最も重要なことは，企業の社会的使命を果たすということだと考えます。企業の目的は社会貢献ですから，私たちの仕事が社会に役立っているのかを考え企業の舵取りを行うこと，そして成果を出すことが重要な役割です。そのためには，以下の要素が必要だと考えています。

① 常に企業理念を意識して活動すること

企業としてあるべき姿と現状とのギャップは起こりやすいものです。ですから，できるだけ多くの機会をとらえて全社員に企業理念を正しく浸透させること，そして日頃の活動が企業理念と合致しているかどうかをきちんとチェックすることが大切だと考えます。

② 外部環境の変化に対応できるよう，アンテナを張り巡らせておくこと

企業の外部環境のほとんどは自分で操作できませんが，経営に大きな影響をもたらします。したがって，特に時代の変化に乗り遅れないことが大切だと思っています。新しい技術や人物との出会いが仕事に活かせることはよくあります。常に好奇心をもってアンテナを張り巡らせていく感覚は重要です。

③ 内部環境の変化に対応できるよう，社内情報に敏感になること

実際に会社を動かすのは内部の人間です。社員が満足して働いているか，問題が起こっていないかという内部環境は直接成果に影響しますから，この情報はとても重要です。しかし組織が複雑になると，そういった情報が入りにくくなったりバイアスがかかったりします。それでは正確な対応ができないため，できるだけ直接現場に出向いて社員とのコミュニケーションをとるように心がけています。

④ できるだけ精度の高い判断ができるよう，自らの研鑽に努めること

業界の会合で同業他社の方と交流することや，偶然の縁でつながった異業種の方との交流を多く行っています。その交流から新しい知識や考え方を学んだり，自分自身の信念を醸成したりしており，これが企業経営にも反映されています。心理学を学ぶこともその１つです。

⑤ 強力なリーダーシップを発揮すること

企業の規模によってリーダーシップのあり方は変わると思います。今でこそ従業員 1,000 名を超えていますが，創業時には社員数名と非常勤講師数

十名という個人塾でした。そこから成長させるためには，強力なリーダーの存在が不可欠であり，少数の社員でベクトルを揃えてがむしゃらに進んでいく必要がありました。しかし，今ではそれなりの規模に成長しましたので，今後は調和型のリーダーシップが重要になると考えています。

以上の事柄には心理学が密接に関係していると思いますが，特に，社員の満足度の向上やリーダーシップの発揮の仕方については，心理学の知見を活かしていくことが重要だと思っています。

◉ トップマネジメントに必要な要素

トップマネジメントを担う者は，人間性と経営能力を兼ね備えなければならず，この両立が難しいと思います。もちろんこれは，今の筆者ができているというわけではまったくありませんが，社員の上に立つ者としては，以下の要素が重要だと思います。

① 社員から信頼されていること

社員から信頼されるためには，人間として優れていなければならないわけですが，余程「徳」を積んだ人は別として，筆者のような凡人はまだまだ修業が足りません。しかし社員に約束したことを必ず守る，自分のためではなく，社員のために仕事をするという姿勢を貫けば，自然と信頼を得られるようになります。

② 絶対に成果を出すこと

しかしいくら信頼されても，業績が上がらない，労働環境がよくならないのでは，ただの「いい人」で終わってしまいます。トップは必ず業績を上げ，社員の頑張りに報いなければいけません。トップは常に成果を出し続けるという使命を負っています。そのためには，第一に誰よりも業務に優秀で深い知見をもっていること，次にその知見をもとに的確な経営判断をすること，そして情熱をもって取り組み必ず成果を出すことが重要です。

以上に述べてきたトップマネジメントの役割とそのために重要な要素はけっして簡単ではありませんが，それを目指していく態度が大切だと思っています。心理学との関係からいえば，組織の構造や発達段階をふまえた上で，社員のワークモチベーションを高めること，適切なリーダーシップを発揮することが重要だといえるでしょう。

組織の仕事②

新しい事業を立ち上げる（新規事業開発）

現場の声5

筆者は，名古屋市本社のメーカー，日本特殊陶業株式会社に勤務しています。弊社の主力製品は世界シェア No. 1 のスパークプラグや酸素センサなど，セラミックを活かした自動車部品です。これらの売上比率が８割を占める中，環境・医療など他分野で新規事業を生み続けることが弊社にとっての課題です。

新規事業開発には事業開発事業部はじめ，担当部署が取り組んでおり，燃料電池などの分野で成果を上げつつあります。これと並行し，全社横断的な新規事業探索活動として，2009 年以降取り組んでいるのが「DNA プロジェクト」です。この項では，この活動の概要と，事務局としての筆者の業務をご紹介します。

◉ DNA プロジェクトの概要

▶ 目的：「取り組むべき新規事業案の立案」「新規事業を担う人材の育成」「創造的な組織文化醸成」の３つですが，中でも新規事業案の立案が主眼です。

▶ 組織：社長・担当役員のもと，社内公募で集まったメンバーが，事務局の支援を受けながら活動します。

▶ 期待成果：１年後に新規事業案を役員に提案することが求められます。

▶ 権限：メンバーは就業時間の１割を使い，１年間活動します。研修や相談会が準備され，文献購入，社外出張調査，試作品製作などが可能です。

▶ 活動：１年の活動は４つのステップで進められます。

①導入：新規事業立案スキル研修を通じて，メンバー間の交流を深めます。

②チーム結成：新規事業のアイデアを数多く出し合い，メンバー同士で討議します。特定の事業アイデアについて「ぜひ調査を進めたい」と手をあげたメンバーを中心に，数名のチームを結成します。

③チーム活動：以降はチーム主体でスケジュールを立て，調査を進めます。

④審査：役員による審査で採用された案は，社内で事業開発が進められます。

▶ 成果：これまで複数の案件が採用され，社内で事業開発中です。提案者自身が部署を異動し，開発にあたる例もあります。

◉ DNA プロジェクト事務局の業務と心理学との関係

事務局には人事，広報など複数の部署が参加しています。その中で，事業開発事業部・企画管理部は事務局の中心として，制度設計から審査会，継続調査に至る活動の全プロセスを，関係部署と連携をとりつつ支えています。

メンバーには新規事業開発に関わるのが初めてという人が多いため，彼らへの支援が重要かつ難しい点です。支援内容は目的意識の共有や研修を通じての能力向上，活動全般にわたる相談など多岐にわたりますが，心理学の知見から特に以下の点に留意しています。

① 主体性の尊重

困難の多い新規事業だからこそ，内発的動機を重視しています。機密保持などのルールは押さえつつ，必要な情報をもとにメンバー自身が行動を決められるよう，支援者として助言するポジションを心がけています。

② 多様性の確保

メンバーの専門性や職務経歴はさまざまです。そこで心理的距離に配慮し，年次や役職を気遣わず率直に意見交換できるよう，姓ではなく名前で「○○さん」と呼び合ってもらっています。チームリーダーは年次や役職に関係なく決めています。

③ 失敗の推奨

既存事業のルーティン業務と異なり，新規事業では未知の事柄が多く，仮説→検証→修正のプロセスの繰り返しです。失敗を「新たな発見」ととらえ直して歓迎し，前に進んでいく雰囲気作りや個別支援が欠かせません。

以上はいずれも心理学と関わりの深い側面と考えています。筆者自身は心理学を正式に修めたわけではありませんが，日々失敗を重ねながら，実践を繰り返す中で，心理学的アプローチの有用性を実感しています。

以上，弊社での事例を紹介しましたが，新規事業開発において，今後，心理学的アプローチの重要性はさらに高まっていくものと感じています。

DNA プロジェクトチーム

チーム活動の様子

組織の仕事③
組織と個人を支援する（職場改善）

現場の声6

中部電力株式会社は従業員数約 17,000 人の上場企業であり，筆者が所属する「キャリア相談窓口」では，個人支援と組織支援を行っています。

◉ 個人支援

個人支援では，OJT や Off-JT の補完機能として，個人が抱える課題に対して専門のアドバイザーが個別相談を実施しています。そのため，支援にあたっては，カウンセリングの基本的態度およびスキルをはじめ，1 対 1 の対人関係についての心理学理論に基づく実践が欠かせません。

◉ 組織支援

一方，組織の支援では，課長をリーダーとする数名程度の小規模の組織から事業場（営業所や発電所等）という数百名規模からなる大規模の組織の支援まで幅広く行っています。

組織支援において一番重要なのは，リーダーの「職場をよくしたい」という強い意志であり，それがなければ何も始まりません。したがって，支援は，職場のリーダーからの申し出により，初めて開始されます（以下の図を参照）。

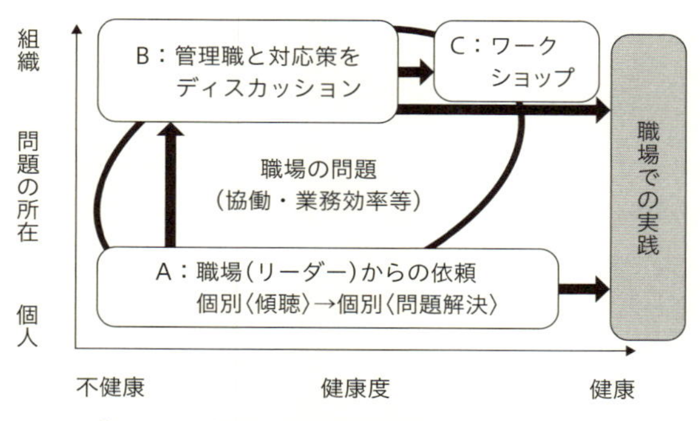

「キャリア相談窓口」の組織支援のプロセス図

図の縦軸は，問題の所在が「個人」にあるのか「組織」にあるのかを示しており，横軸は健康度です。図のA，B，Cのいずれからスタートするかは，その職場の状況によって異なります。たとえば個人の面談を行った後（A），個人の問題よりも組織のコミュニケーションやマネジメント等に問題があると思われる職場では，本人が特定されないように配慮した上で管理職等とのディスカションの場にその問題を提示し，一緒になって解決策を考えるなどの組織支援を行っています（B)。また，専門的な立場から「キャリア相談窓口」の担当者がワークショップや体験学習などを実施する場合も多くあり，職場での実践につなげています（C)。

組織支援を行う際には，個人と組織の相互依存関係等のさまざまな関係性における人間行動について，集団思考や期待理論などいろいろな組織心理学の理論を活用しています。さらに，組織支援を実施した後に重要なのは，職場での実践・定着です。そのためには，支援の際に，参加したメンバーにどれだけの「気づき」を与えたかが鍵となります。組織支援時に体験した出来事について，振り返る時間を十分にとり，メンバー間でシェアリングを行うことにより，体験学習からの「気づき」を自身の「言葉」に変え，そのことで次の「行動」に移すことが容易になります。

頭でわかっていることを実際の行動に移すためには，メンバーがリーダーと積極的にディスカッションできるような，「信頼関係」という土壌（環境）が組織には必要です。

組織内に信頼関係があるとは，以下の３点により測ることができます。

①組織内に，異なる意見があっても相手の話を聞こうとする姿勢があるか（姿勢)。

②組織内で，自分が得た情報や経験を，積極的にメンバーと共有しているか（情報共有)。

③組織内で，自らの仕事の領域を超えて協力し合っているか（行動)。

これら３点は，職場のメンバー一人ひとりが，「自ら」他者とつながろうと動くことで作られていきます。

「キャリア相談窓口」が職場で行うワークショップや体験学習などによる組織支援は，「信頼関係」を土壌として，メンバーが目的を共有し，「自ら関わりをもとう」とするきっかけや動機づけとなっています。そしてこれらの活動により，協働するという感覚が実感でき，やる気が起き，次の行動につながっているといえます。

筆者のワークショップの様子

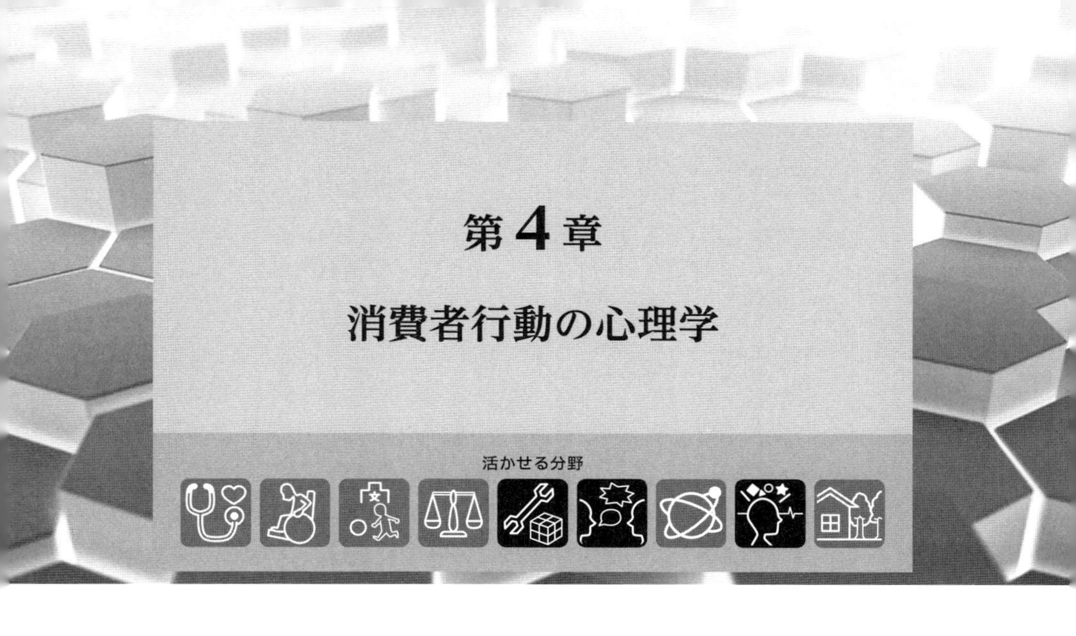

1節　購買行動を規定する心理的要因

現代社会に生きる人間はさまざまな商品やサービスを購入し，それを使うことで生活をしています。自給自足の手段をもたない限りは，毎日のように商品やサービスを購買することが不可欠です。その点で消費という行為は「人間が生きること」と同等の意味や重要性をもつと思われます。

このような観点から，消費という行為について，その主体である人間の特性を考慮した研究が進められてきました。「消費者行動」に関する研究テーマには，さまざまなものが含まれますが，特に購買行動（商品やサービスを買うという行為）についての研究が多くみられます。以下ではこのテーマを中心に話を進めていきます。

さて，みなさんが商品やサービスを買う場合に影響を与える心理的要因はどのように説明ができるでしょうか？

人間の行動の仕組みは非常に複雑で，それを1つの心理的側面によって説明することは困難で多面的な理解が必要です。心理学の研究分野が知覚心理学や認知心理学といったさまざまな領域に分かれていることの理由もそこにあります。

したがって消費者行動や購買行動についての心理学的理解についてもこのような多面的な理解が必要です。たとえばある人が高級ブランドのコートを購入するという場合を考えてみると，その過程には次のような心理的要因が介在します。

1．動機要因

その人がなぜその商品を買おうと思ったのかということです。寒さを防ぎたいという基本的な欲求に基づく動機や，高級ブランドのコートを羽織って他者から認められたいという社会的欲求に基づく動機などが考えられます。

2．知覚的要因

商品の内容（色，デザインなど）をどのように知覚したのかということです。知覚の内容はあくまでも主観的・心理的事実であり，客観的・物理的事実と必ずしも一致しないことが指摘されます。

3．認知的要因

コートという製品やそのブランドについての知識や過去経験に基づく記憶や広告を通じて新たに得られた情報の処理，あるいは購買に際して生じるリスクの認知などが該当します。

4．個人特性

その消費者に特有の個人的傾向です。パーソナリティ特性や性別年齢などのデモグラフィック（人口統計学的）特性，あるいはライフスタイルなどがあげられます。

5．態度要因

コートという衣服そのものに対する好き嫌いや特定ブランドへの嗜好などを示します。好意的態度はその対象への接近（つまり購買）へとつながり，逆に非好意的態度はその対象の回避（つまり非購買）へとつながります。

6．社会心理学的要因

その個人を取り巻く家族や友人，所属集団の影響などです。またはその時点での社会の状況から受けるさまざまな影響（流行など）も含まれます。

7．感情的要因

そのコートを購買し，着用することによって生じる満足感や快適性などです。これらは次回の購買のあり方（たとえばそのブランドを続けて購買するかどうかといったことなど）に影響を与えると考えられます。

これらの心理的要因は，現代心理学における各領域（知覚心理学，認知心理学，性格心理学，社会心理学など）で取り扱われている研究テーマであり，それらの知見を総動員して応用することで，総体としての消費者の心理や行動が理解されることになります。

2節　購買行動のプロセス

次に消費者はどのような過程を経て「商品を買う」のかを考えてみましょう。これについてブラックウェルら（Blackwell et al., 2001）が提案した消費者の購買意思決定モデルを簡略化して示したものが図4-1です。

図4-1に示された内容に基づいて消費者の購買行動の流れを説明してみましょう。

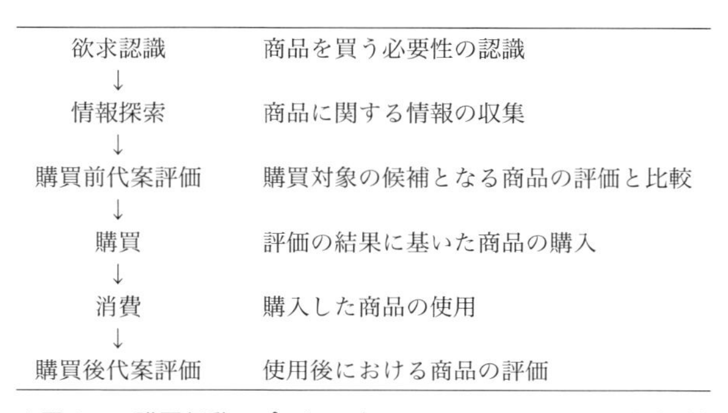

欲求認識	商品を買う必要性の認識
↓	
情報探索	商品に関する情報の収集
↓	
購買前代案評価	購買対象の候補となる商品の評価と比較
↓	
購買	評価の結果に基いた商品の購入
↓	
消費	購入した商品の使用
↓	
購買後代案評価	使用後における商品の評価

▲図4-1　購買行動のプロセス（Blackwell et al., 2001より作成）

1．欲求認識

まずわれわれは何らかの理由から，商品やサービスを購買することの必要性を認識します。この段階は「のどが渇いたので飲み物が欲しい」とか「寒い場所に行くので防寒着を買おう」といったように，消費者が何らかの欲求を認識する段階のことです。スーパーマーケットで買う食品やコンビニエンス・ストアで買う飲料のように，生命を維持するために必要であるという場合もありますが，自分自身を高めるための勉学の手段として参考書を買う場合や，スマホゲームのように，楽しみたいとか気分を発散させたいという動機もありさまざまです。マズロー（Maslow, 1970）が提案した心理学的理論である「欲求階層理論」に基づくと，日常生活の中での商品やサービスの購買は表4-1に示したように説明されます。このような欲求を認識し，商品やサービスを購入することで欲求を充足するという問題解決の過程が購買意思決定過程であるということができます。

2．情報探索

ある特定のカテゴリーの商品を買おうと考えたとして，それに該当する商品はさまざまな企業から販売されていますので，購買する商品を決定するためには情報が必要であり，その入手のための情報探索が行われることになります。店頭にある商品を見比べながら価格やデザ

▼表 4-1　人間の欲求と商品・サービスの購買（Maslow, 1970 より作成）

欲求の種類	内　容	商品・サービスの購買の例
生理的欲求	食欲，睡眠などの生命維持に関する欲求	飲食物，睡眠用具
安全欲求	危険や恐怖を避け，安定，依存を求める欲求	防寒着，ヘルメット，生命保険
所属・愛情欲求	他者との友好，愛情関係や集団への所属を求める欲求	親しい人への贈り物，所属集団に同調した衣服
承認・自尊欲求	高い自己評価や自尊心を維持したいという欲求	高級ブランドの衣服や装身具，ステータスシンボルとなる所有物（外車，別荘など）
自己実現欲求	自己の成長の機会を求め，自己の能力を最大限に発揮したいという欲求	能力を高めるための教育，能力を発揮するために必要な道具

イン，性能などの情報を得る場合もありますが，広告を注意して見たり，商品そのものだけではなく，インターネットで安く買える店舗を探したりすることもあります。家族，友人や社会の人々からの情報（いわゆるクチコミ）を利用する場合もあります。

3．購買前代案評価

情報探索の結果，選択の候補となった商品（ブランド）を評価する段階です。たとえば情報探索の結果，デザインは悪いが着心地のよいAという衣服と，デザインがよいが着心地の悪いBという衣服の存在が明らかになったとします。そこで消費者自身がより重視する選択基準（デザインを重視するのか着心地を重視するのか）に基づいて比較検討され評価されます。

4．購買

商品（選択肢）の評価に基づいて商品の銘柄，量，購入場所（店舗）などを決定し購買する段階です。

5．消費

購買された商品が実際に使用される段階です。使用したことで，購買した商品やサービスの品質や機能が期待に一致したものかどうかの認知がなされます。

6．購買後代案評価

購買した商品を使用したことに基づく評価の段階です。使用結果が「満足」の場合は同一商品（ブランド）の再購買へとつながり，「不満足」の場合には新たな別の商品の探索へとつながっていきます。またこの結果が他の消費者に伝達されることで（いわゆる口コミ），広範囲にわたる影響力をもつ場合もあります。

3節　消費者による購買行動の枠組み

次にこのような購買行動の全体的な仕組みをレビン（Lewin, 1935）が提示した人間の行動に関するモデルで説明してみましょう。レビン

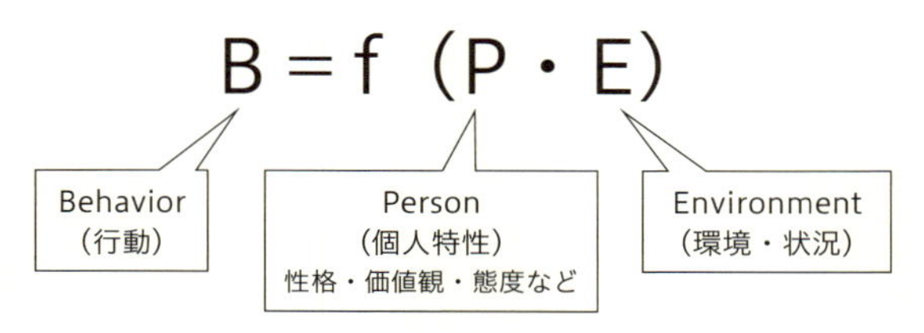

▲図 4-2　レビンの図式（Lewin, 1935）

は人間の行動に関する一般法則として B ＝ f(P･E) という図式を提示しました（図 4-2）。

ここでBは行動（Behavior），Pは行動の主体である人間（Person）の個人特性（パーソナリティやライフスタイルなど），そしてEは個人がおかれている環境・状況（Environment）を表しており，行動（B）は個人特性と環境・状況の関数として決定されるということを示しています。つまり人間の行動が個人の特性と個人がそのときにおかれている状況との相互影響下で生じることを意味しています。この図式からは人間行動に関する３つの基本的原理を引き出すことができます。

第１の原理は「同じ環境におかれていても，異なる個人であれば，そこでとられる行動は異なる」というものです。第２の原理は「同一の個人であっても，おかれた環境が異なれば，そこでとられる行動は異なる」というものです。そして第３の原理は「行動への環境による影響の仕方は個人によって異なる（個人がもつ特性と環境要因との間に相互作用（interaction）がある）」というものです。

われわれ消費者がとる行動について考えてみると次のようになります。たとえば友人同士で百貨店のバーゲンセールに出かけ，陳列された商品からお互いの好みの服を数点ずつ探し出したら，それらがことごとく趣味の違うものであった，という出来事は第１の原理に該当します。また日頃は冷静な判断をする能力をもった人が，店先で店員に強く勧められ，あまりよくない商品を買ってしまった，という出来事は第２の原理に該当します。また第３の原理に該当する例としては，ある新商品の販売促進の一環として放映されたタイプが異なる２つのテレビ広告を見た人のうち，一方に影響されて商品を買う人がいれば他の一方に影響されて商品を買う人もいる，といったことがあげられます。

4節　消費者行動に関する心理学的研究がもつ意味

このように多様な側面と多様な段階をもつ消費者行動を心理学に基づいて理解することの意味を一般的な心理学研究の目標にしたがって述べると，それは消費者の行動やその生起に関わる主観的経験の「記述（description）」，「説明（explanation）」，「予測（prediction）」，そして「制御（control）」であるということができます。

1．消費者行動の「記述」

「記述」とは，消費者の行動や主観的経験をできる限り客観的に書き表すということです。たとえばあるコンビニエンス・ストアにおいて，来店者一人ひとりに面接を行って調べた結果，消費者1人あたりの購入品目数や購入金額，個々の商品の購買についての計画性（来店前から買うことを計画していたのか，それとも店頭で買うことを思い立ったのか）が明らかになったとします。それを統計的な数値（購入品目数，金額の平均や計画購買の割合など）を用いるなどして客観的に表すということです。

2．消費者行動の「説明」

次に「説明」とは，ある消費者の行動や主観的経験が生じた理由を説明するということです。たとえば複数の来店者について調べたところ，このコンビニエンス・ストアの来店者は一般的な店舗に比べて計画購買（来店前に買う商品を決めている）の割合が低かったとします。そこで来店者の属性の内訳を調べてみたところ，他の店舗に比べて有職の主婦の割合が多いことがわかったとします。時間的に余裕がない有職の主婦は，事前に購入品目を考えて来店するのではなく，店内の品揃えを見てその場で買うものを決める傾向があり，計画購買率の低さはそれが反映された結果であるという説明が可能になります。

3．消費者行動の「予測」

以上のような「説明」ができれば，さらに進んで行動の「予測」が可能になります。たとえば他の地域に新規にスーパーマーケットを出店した場合の計画購買率は，有職の主婦が多く住む傾向があるならば，低くなると予測できます。

4．消費者行動の「制御」

最終的にこの結果をふまえて消費者の行動を「制御」することもできます。計画購買の割合が低い有職の主婦が来店者の多くを占めるのならば，特に夕食前の時間帯に調理の手間がいらない総菜類を充実させるなどして，計画的でなく店舗内で決定される商品の購買を促進する（消費者が商品を買うように行動を制御する）ことが可能になります。

5節　マーケティング活動と消費者行動

これまで述べてきたような理論や概念を使って消費者の行動の仕組みを理解し，最終的にその行動を制御するということにはどのような意味と必要性があるのでしょうか？　まず第一に企業が進めるマーケティング活動における必要性が指摘されます。

1．マーケティングの構成要素（４つのＰ）

アメリカ・マーケティング協会（AMA, 2004）によれば，マーケティング（Marketing）は「顧客に向けて価値を創造し，伝達し，届けるための，そして組織とそのステーク・ホルダー（利害関係者）に対してベネフィットを与えるやり方で顧客との関係を管理するための組織的機能および一連の過程」と定義されます。マッカーシ（McCarthy, 1960）はマーケティングは製品（Product），価格（Price），流通経路（Place），販売促進（Promotion）の４つの要素から構成されており，これらを組み合わせて効果的なマーケティング戦略（頭文字から 4P 戦略という）を進めていくことが可能であると述べています（表 4-2）。

企業が単なる「勘と経験」に頼るのではなく，客観的判断に基づいてマーケティング活動を進めるためには，これらの構成要素のいずれについても消費者の行動特性を中心にした上で理解をする必要があります。「製品」については前述したマズローの欲求階層理論など，人間の基本的欲求のメカニズムを理解した上で消費者ニーズを把握し，ま

▼表 4-2　マーケティングの構成要素（4 つの P）(MaCarthy, 1960)

構成要素	意　味
製品（Product）	性能やスタイル，パッケージなども含めてどのようなコンセプトの製品を作り，ブランドを育成していくかということ
価格（Price）	小売価格の設定，値引きや，流通業者へのリベートなども含む
流通経路（Place）	卸売り，小売り，通信販売なども含めて，どのような経路を経て消費者に商品を供給するかということ
販売促進（Promotion）	広告や広報（パブリシティ）などによる消費者へのコミュニケーションや人的販売，イベントなどの狭義の販売促進も含む

たブランドへの好意を形成していく仕組みなどについて理解する必要があります。「価格」については「安さ」の感じ方への工夫（980 円などのいわゆる端数価格や割引価格の表示方法など）や品質イメージに与える「高価格」の影響といった心理的影響について理解しなければなりません。また「流通経路」については，購入に際しての利便性の認知や店舗イメージなどが問題になります。さらに「販売促進」については，効果的な広告メッセージの方法を立案するために消費者（人間）についてのコミュニケーションのメカニズムを理解しなければなりません。

2. 企業での仕事と心理学

企業での仕事の多くが消費者を対象にしたものであり，そのような消費者の判断や行動を客観的に理解することが必要であるという点から，大学で専門的に心理学を学んだ人が企業で活躍をすることは大切だと考えます。

たとえば企業における製品開発は消費者がもつニーズ（欲求）を出発点としていることが何よりも重要であることから，心理学を学んだ人々が活躍できる業務と考えられます。また広告制作や広告効果の測定を行う部署でも心理学を専門とする人々が活躍しています。社会心理学における説得的コミュニケーション理論は，人間に対してどのような情報を与えることで，その人の態度（賛否や好悪など事象に対する考え方）が変容するかを実験的な手法などを使って実証的に明らかにするものです。たとえば以下のテーマがあげられます。

(1) 情報源の信憑性

ホブランドとワイス（Hovland & Weiss, 1951）は同一の情報を呈示する場合であっても，情報源（情報の送り手）の信憑性が高いほど説得の効果が高まることを明らかにしています。この研究では信憑性は送り手の専門性（専門的知識を有しているかどうか）と信頼性（人間として信頼できるか）という２つの要因によって規定されることを示しています。このことはいわゆる推奨広告（テレビ CM などである人物が商品を勧める広告）において起用すべきタレントや専門家を決める場合の参考になります。

(2) 恐怖喚起コミュニケーション

広告の中には「この商品を買って使わないと危険な目に遭います」といったことを伝えて，恐怖を喚起して商品購買の必要性を高めるといった表現をとるものがあります。これに関して，ジャニスとフィッシュバック（Janis & Fishbach, 1953）が行った恐怖喚起コミュニケーションに関する研究では，メッセージによって強い恐怖を喚起された被験者は，低い恐怖しか喚起されなかった被験者に比べて説得の程度が低かったことがわかりました。

この結果はその後の研究で必ずしも支持されていませんが，少なくとも「いかなる場合でも強い脅かしをかければ人は態度を変える」という常識的な考え方が，正しくないことだけは事実であり，広告表現の方法を考える上で示唆を与えてくれます。

このような心理学に関する基礎理論を理解していることは，広告の制作や，その効果を実証的な手続きにしたがって把握する上での有力な武器になります。

(3) 消費者の説得に影響する６つの要因

広告だけではなく店頭で個別に消費者を説得して商品に対する好意度を形成してもらうといった場合を含めて役立つ心理学的理論がチャルディーニ（Cialdini, 2009）により提唱されています。彼は説得に際して働く心理的要因として６つのものをあげています。

①返報性（reciprocation） 他者が自分に恩恵を与えてくれた場合に自分も同様の恩恵を他者に与えなければならないと考えることです。店

頭での景品の配布や試食の提供を受けた場合に「商品を買わなければ相手に悪い」と思う気持ちから購買が引き起こされるといった場合が当てはまります。

②コミットメントと一貫性（commitment and consistency） いったん他者に対して表明した意見を変えようとしない，またそれに類似した行動を一貫してとろうとする傾向です。たとえばはじめに小額の商品購入をさせた上で，次に高額商品の購入を勧めるといった販売方法はこの要因に基づいています。

③社会的証明（social proof） ある事物について他者（社会一般の人々）がどのように考えているかに基づいて自身の態度を決定することです。商品やサービスの評価はこの要因に影響されていることが多く，たとえば健康食品の通信販売などで「使用経験者」による効能の報告を広告の中で取り入れる事例がこれに該当します。

④好意（liking） 自身が好意をもつ人物や，身体的魅力があり好感度が高い人物の意見は正しいと信じてそれに従う傾向が強いということです。知人・友人関係のネットワークを利用した商品販売方法や，好感度の高いタレントを利用したテレビ広告などがこれに該当します。

⑤権威（authority） 専門家や科学者，政治家など，権威のある人々からの意見に影響されやすいということです。著名な医師や研究者が効能を推奨する薬品や健康食品の CM は，これによる効果をねらったものといえます。

⑥希少性（scarcity） 数が少なく入手困難な事物に対しては価値を感じ，評価が高まることで入手への欲求が高まるということです（後述）。

さらにマーケティング業務関連で心理学を学んだ人が活躍する場所としては，いわゆるリサーチ会社などの消費者を対象とした調査を担当している企業があります。心理学科のカリキュラムの中には実習も含めて社会調査関連の科目が組み込まれている場合が多く，心理を学んだ人々は調査によるデータ収集やそれを分析するための統計的方法に関する知識をもっており有力な人材といえます。またこの後の節に関連しますが，企業における消費者対応の窓口業務を担当して，消費者と企業との関係性の構築や，消費者支援の業務に関わる人が多いこともあげられます。

6節　消費者保護と心理学

消費者の意識や行動のメカニズムを客観的事実として理解することは，企業活動において不可欠なだけではなく，消費者自身にとっても大変重要といえます。消費という行為は人間にとって不可欠なものであり，消費生活を適切に営むことは，人間にとっての死活問題であるといえるからです。ここでは身近な事例からこの問題について考えてみます。

1.「限定表示」のもつ意味

前節のチャルディーニの理論における⑥「希少性」に関連しますが，「期間限定」や「数量限定」を強調した商品販売（いわゆる限定商法）は「希少性」を高めることによる効果をねらったものです。われわれの周りにある広告や店頭での表示を見ると，このような表示が使われていることが非常に多くあります。消費者の側から見たら「限定」とついていると「何となく買いたくなってしまう」という感覚はよくわかりますし，売る側はとりあえず「限定」とつけさえすれば売れ行きが変わることを経験的に知っているということですが，この効果を心理学の立場からはどのように説明できるのでしょうか？

(1) スノッブ効果

「限定＝手に入れにくい商品」であること自体が，商品そのものの価値（いわゆる希少価値）を高めて購買の欲求を引き上げたり，それに対して支払う代価の上限を高めることで，このような影響のことを「スノッブ効果」といいます。手に入れにくい商品を所有することが個人を他者から差別化し自尊心を高めるという働きがあるためと考えられます。

(2) 商品の品質評価への影響

特に飲食物にみられますが，消費者が商品に対して行う品質評価は客観的事実よりは主観的判断に基づいており，しばしば商品それ自体の品質ではなく商品の外部的情報や購買の文脈に影響を受けてしまいます。「限定商品」と言われると，客観的品質とは無関係に「手に入りにくい商品」であることが「品質が高いはず」という信念（思い込み）を形成してしまいます。「高価な商品は良い商品」と単純に考えるのも同様の仕組みといえます。

(3) リアクタンス理論

「限定商品なので手に入れられない」と言われて自分自身の行動が制限されると心理的抵抗（リアクタンス）が生じて（Brehm, 1966），それを振りほどこうとする行動（つまり商品を手に入れるという行動）が生じます。「自分の自由にならない」ことは不快感を喚起するのでそれを避けようとするからだといわれています。回りの人から「そんなことはやめろ！」と言われるとますますやりたくなるし「必ずこれをやれ！」と言われたとたんにやりたくなくなるといったように，このメカニズムは人間のさまざまな行動に当てはまります。

(4) チャンスを失いたくないという思い（認知的不協和の低減）

たとえば「期間限定」と書かれた商品について，買わないという判断をした場合には，後日になってから「手に入れるチャンスがあったのに，なぜそれを買わなかったのか？」という思いにとらわれるかもしれません。いわゆる「後悔」ですが，われわれ人間は，現実の行動の結果と自分自身の判断が適合していない状況が生じた場合（認知的不協和）には不快感が生じるために，あとあとになってそのようなことが生じないような行動をとる傾向があります（Festinger, 1957）。このような先々の予測をふまえて判断するために「限定」がついた商品を買わずにはいられなくなるのです。

またこのような認知的不協和は，自身が購入した商品の評価に影響する場合があります。たとえば人気のランチを食べるために，長い行列に1時間待ってようやく食べることができた場合は，もしそれがおいしくないとすれば，「長い時間を待ったのにまずいものしか食べられなかった」と考えることは認知的不協和を発生させるので，その食事がおいしかったというプラスの方向にバイアス（歪み）を与える可能性があります。

2. 企業と消費者の利益の相反

「現場の声９」にも示されているように，以上のような「限定商法」は商品販売においてかなりの効果をもつとされており，店頭での販売や通信販売，あるいは広告チラシなどにおいて頻繁に用いられています。

視点を変えてこのような効果を消費者の側から見てみましょう。「限定商法」そのものは違法性がある表記方法ではありませんが，消費者が商品に対して行う客観的評価に何らかの錯誤を与える可能性は十分にあります。「実際の品質よりも高く評価すること」や「欲しい気持ちを抑えられなくなること」などが購買に際しての冷静な判断を妨げることになり，結果的に消費者に不利益をもたらすことになります。企業と消費者の利害関係は相反しており，企業がこのような表現によって利益を得ることは，消費者にとっての損失を生む可能性があります。

3. 悪徳商法について

以上のような昨今では一般化された商法を含めて，企業活動が消費者の利益を損なうものでないかを十分にチェックしなければなりません。またそれを超えて企業が消費者の不利益をあえて承知した上で行う営利活動も存在します。その典型が昨今しばしば問題になる「悪徳商法」です。

中谷内（1993a，1993b）は，悪徳商法の１つの類型であるSF商法（催眠商法）についての研究を行っています。中谷内によればSF商法は「人集め段階」と「追い込み段階」の２つの段階からなります。はじめは「人集め段階」で，若い男性の業者が５人程度で一組となり，街角の一角にダンボール箱を並べ「宣伝のため商品を無料で進呈している」と歩行者（主に主婦）を20人前後集めます。そして品物を配りながら独特の話術で誘導し「もっとよい品をあげるから」とそのまま近くのビルの一室へ移動させる。次は「追い込み段階」で，品物の配布を続けながら雰囲気を盛り上げ話題を徐々に健康問題に移します。そして羽毛布団や健康食品を登場させて，最終的に高額商品（数十万円の羽毛布団など）を購入するように説得するのです。

中谷内は観察によるデータ収集をふまえ，この商法のプロセスを詳細に分析した結果，商品を購入させるために人々の行動を適切にコントロールするための巧妙なテクニックが用いられていることを指摘しています。たとえば「人集め段階」において業者が常に冗談をとばして愉快な雰囲気を作り上げ，興奮を引き起こして業者への親密感を形成する，などです。

上記の商法において典型的にみられるように，消費者の心理的な弱点を利用して利潤を得ようとする業者はあとを絶たないのが現状であり，さらに商法を超えて「オレオレ詐欺」のような詐欺的犯罪行為も多く行われており，こういった「不当な行為」から自己を守るための方策を講じる必要があります。

菊池（2007）は悪徳商法には，①「商品情報自体を偽装して，不当に情報をコントロールすること」と②「消費者側の心理をコントロールして購入や契約へ追い込む」という２つの特徴がみられることを指摘した上で，これらに対抗するためには，消費者自身がクリティカル・シンキング（批判的思考）を身につけて実践することが重要であると指摘しています。

クリティカル・シンキングとは「主張を無批判に受け入れるのではなく，その根拠を批判的に吟味し，論理的に意思決定を行うことを目指した一連の思考技術と態度のこと」ですが，このような考え方は消費者の自衛策として有効と思われ，それを浸透させていく上で消費者の心理と行動に関する実証的研究の成果が有力な論拠になると考えられます。

4. 企業と消費者のよりよい関係性の構築に向けて

企業が提供してくれるさまざまな商品やサービスは，消費者（人間）が生き続ける上で必要ですし，喜びを感じて生活を豊かにすることに貢献しているわけですから，企業活動そのものを否定することはできません。その一方で消費者の利益を侵害する企業活動が存在することも明らかです。企業が消費者の考え方や行動の仕組みをどのように理解しようとしていて，どのようにコントロールしようとしているのかということ，また消費者の心理的弱点はどこにあるのかということを客観的に理解することは，消費者にとっての最良の自衛策になると考えます。企業と消費者のよりよい関係性を構築することは現代社会にける必須の課題であり，そのために必要な消費者利益の視点と，それを実現するための教育を消費者に行うためにも消費者行動についての心理学的研究は有意義であると考えます。

広告・マーケティングの仕事①
消費者に伝える（広告デザイン）

現場の声7

広告会社の役割は，売り手が買い手に対して共感や理解が深まる仕組みを提供し，企業における商品やサービスのプロモーション活動を支えることにあります。

高度に情報化が進む中，企業と消費者の関係も大きく変化しています。購買行動の多様化とデジタルデータの処理技術の発達により企業のプロモーション戦略も新しい段階に入り，広告会社の仕事もより高度な戦略が求められています。1つはオンライン・マーケティングなどのデジタル化であり，もう1つはショッパーインサイトやニューロ・マーケティングといった消費者の購買行動と心理に対する深い理解です。昨今，商品のストーリーを動画にしてWebサイトへ誘導するなど，消費者の購買行動と心理分析に基づいた多様なデジタル手段などを活用した仕組みが増えています。消費者と商品との出会いやコミュニケーションの接点は，テレビなどのマス媒体だけでなく，パソコンやスマートフォンなどの電子媒体，コンビニやスーパーなどの店頭，電車やバスなどの交通機関というように多様にあります。

ここでは，購買の中心である店舗で使われているパッケージとPOP広告について書きます。POP広告（以下POP）とは，Point of Purchase Advertisingの略称で「購買時点の広告」という意味になります。

パッケージは商品の顔ともいわれ，商品の第一印象に影響を与えます。パッケージを物言わぬセールスマンとすれば，POPはスーパーセールスマンのような活躍を期待され，商品をあの手この手でアピールします。消費者は特に興味のない商品でも0.1～0.2秒の一瞬，視界の中心付近に入れば認知されるといいます。そのわずかなチャンスを逃さないため，さまざまな仕掛けや工夫をしています。

消費者はなぜ商品を買うのでしょうか？　それは消費者が購買する商品に対して自分の未充足な欲求を満たしてくれるという期待をするからです。では，そのような期待はどこから生まれるのでしょうか？　内発的な動機もありますが，その多くは外的な刺激であり，その刺激に対し購買するだけの価値があると判断するからです。消費者は五感を自然に使って購買行動をしていますが，特に視覚を使った情報収集が8割以上を占めているといわれています。その外的な刺激（提供される情報）は，主に視覚から得るグラフィック情報になります。

パッケージやPOPを通じて消費者の商品への期待が高まる情報を提供するには，商品のことを「シンプルに」「早く」「わかりやすく」伝えることが大切です。そのために，最も重視されるのが商品（あるいはブランド）コンセプトです。商品コンセプトを明確にするには，その商品を購入する人物像（ペルソナ），彼らに対して伝えるべきメッセージ，そして購入後にその商品が提供する基本的価値と付加的価値を十分に検討する必要があります。まさに，消費者理解そのものといえます。

パッケージやPOPを構成する主な要素は色・形・画像・文字の４つでいずれも視覚情報です。文字以外は非言語情報で，３つの非言語情報と１つの言語情報の組み合せとバランスを最適化して商品コンセプトを伝えることがデザインに求められます。実際の市場においては伝わりやすいだけでは競争に勝てない場合も多くあるため，消費者の興味を引くためはインパクトのある形状にしたり，多少の違和感を与えることで関心を高めて手にとってもらいやすくしたり，手にとって吟味しながら納得感を高めるようにするなどの工夫を行います。

こうして売り手の商品への想いがカタチとなって買い手たる消費者に届くのです。

広告の役割は正しい情報を正しくわかりやすく伝えることにあります。こうしたことを続けることが，よい買い場（売り場）作りにつながり，さらに買い手たる消費者と売り手たる店舗やメーカーとのよりよい関係作りにつながります。

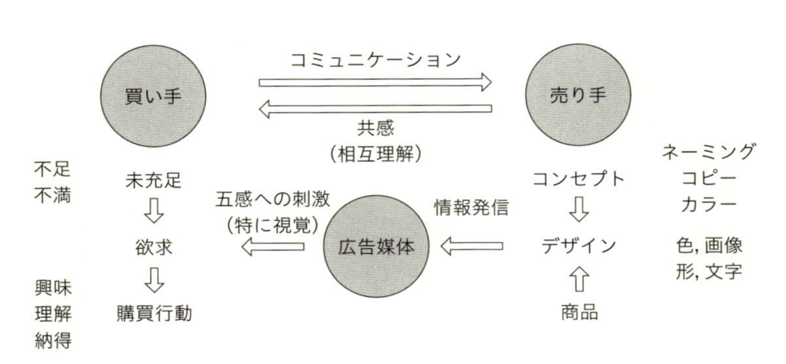

▲購買と広告の関係

広告・マーケティングの仕事②
消費者を理解する（マーケティング・リサーチ）

現場の声8

◉ マーケティング・リサーチの仕事

マーケティング・リサーチの仕事は，どのような業界や業種のものであれ，その内容と進め方は概ね共通しています。要約すると，「お客様であるクライアント企業が抱える問題に対して，適切なリサーチ手法を企画・設計し，正しく実査（フィールドワーク）とデータ集計を行った上で調査結果として報告することで，クライアントが抱える問題を解決するためのお手伝いをする」ということになります。

◉ リサーチャーに求められる能力

リサーチの仕事を行うリサーチャーにとって不可欠だと思う能力は大きく分けて3つあります。すなわち，①「課題を設定する力」②「人の発言や行動から洞察を得る力」③「データを正しく扱う力」です。

「課題を設定する力」は，クライアントの抱える問題をリサーチで解決できる形に正しく変換できる力のことを指します。たとえば，「わが社の缶コーヒー〈商品A〉をリニューアルしたが，売上が逆に落ちてしまったので回復させたい」といった相談をクライアントから受けたとしても，そのままの状態では正しいリサーチを行うことはできません。「製法が変わったことで味の評価が落ちたのか」，「シンプルなパッケージに変更したことで，店頭や自販機で目立たなくなったのか」，「トレンドとして消費者が缶コーヒー自体を飲まなくなっているのか」など，具体的な課題として設定し，リサーチによって解決できる枠組みに問題を整理していくことが必要となります。

「人の発言や行動から洞察を得る力」とは，人の些細な言動から，問題の本質に迫れるような気づきを得られる能力を指します。リサーチャーは通常，インタビューやアンケートなどを行って対象者から意見を収集するのですが，収集された意見が必ずしも彼らのホンネを正しく反映しているとは限りません。特に，グループインタビュー（複数の調査対象者に集まってもらい，司会者が特定のテーマについての意見を聞く座談会）による調査を行う場合には，周囲の意見に合わせて本心とは異なった意見を述べる人が現れることもあります。このようなケースに遭遇した際に，彼らのホンネとタテマエを正しく見分けられなければ，問題を誤った方向に結論づけてしまうことになってしまいます。

「データを正しく扱う力」は，アンケート結果のような定量データを正しい手続きで集計し，その結果が統計的な視点から意味のある数字なのかどうかといった点を公正に解釈できる力です。〈商品A〉のリニューアル前後の味を対象者に評価してもらうといった例を考えた場合，仮に変更前の味を好む人の割合が53%，変更後の味を好む人の割合が47%といった結果を得られたとしても，そこから「変更前のほうが味の評価が高い」と単純に結論づけることはできません。そもそも何人を対象に質問して得られた結果なのかによって結論は異なりまので，統計的な観点から数字を判断するということが常に求められます。

クライアントから信頼してもらえるリサーチャーであるためには，これら3つの力をバランスよく備えていることが重要なのですが，これらはいずれも心理学を学んで得られることと非常に密接に結びついています。

◉ 心理学とマーケティング・リサーチ

筆者は大学の学部では社会心理学を専攻し，その後大学院の修士課程で消費者心理学を専攻しました。学部時代には心理学の実習を通じて，人間のさまざまな行動を科学的に分析するための方法論を身につけることができました。研究仮説の立て方，その仮説を証明するためにどのような実験計画・調査企画を立案すべきか，実験を行う際の測定方法から調査を行う際の調査票の作成方法に至るまで，学術的方法論の基礎を学びました。ここでの経験が先述の「課題を設定する力」の土台となっています。

また，人間の普遍的な行動を説明するさまざまな心理学理論の知識を得られたことも現在の業務に直接役立っています。先のグループインタビューの場で，対象者がホンネとは異なった発言をしてしまうといった現象は，社会心理学の「同調（集団や他者の設定する標準ないし期待に沿って行動すること）」という概念によって解釈することができます。このような知識を学生時代に学んでいたことにより，現在リサーチの現場で出くわすさまざまな人間行動を深く体系的に理解することが可能となっています。

データ分析実習では，統計的仮説検定の考え方の学習に加えて，自ら収集したデータの集計・分析方法を統計解析ソフトの具体的な利用方法とともに学びました。心理学の基礎的リテラシーであるこうした技能を身につけておけたことで，現在のリサーチの仕事においてもデータを注意深く扱うことを習慣として意識できるようになりました。

このように心理学を通して身につけた知識や技能は，リサーチの仕事を行う上での具体的なアドバンテージにもなります。

広告・マーケティングの仕事③
消費者を動かす（広告制作）

現場の声 9

数多くの広告物があふれる中で，いかに消費者の気持ちを動かすか。広告制作者は商品やサービスをよく見せようとしますが，けっしてウソや誇大な表現でだまそうとするわけではありません。あくまでも事実に基づいた情報をどう伝えるかに工夫を凝らしており，そこには心理学の原理が随所に活かされています。

筆者が広告制作を担当した一例として，大阪キタの百貨店，大丸梅田店が，関西学院大学の学生とともに商品企画をした取り組みを紹介します。

これは，学生のアイデアをもとに大丸梅田店がスイーツやパン，惣菜などを商品化し，実際に店頭で一定期間販売するというもので，一般的に広告は企業から消費者への一方的なメッセージになることが多いものですが，学生たちには商品を紹介する広告チラシにも登場してもらい，彼らに商品の魅力を代弁させることで「社会的証明」の心理効果をねらいました。

「社会的証明」とは，社会心理学者のロバート・B・チャルディーニ（Robert B. Cialdini）が提唱した「私たちは他人が何を正しいと考えているかに基づいて物事が正しいかどうか判断する」という人間心理の基本的原理の１つです。いわば，他者の行動に同調してしまう心理で，たとえば，行列のできている店に興味を感じたり，「売上ランキング１位」「累計 10 万部突破」といった言葉につられたり，あるいは通販サイトのレビュー（購入者の感想・評価）に左右されたり…といった経験は，誰でも少なからずあるはずです。

もう少し具体的に説明しましょう。

写真上は，広告チラシの表面です。表紙では，おいしそうな商品の写真や「ほっぺた落とす自信あり！」という話し言葉風のキャッチフレーズとともに，学生の写真を多用しており，商品を試食して満足げな表情など，笑顔にあふれています。写真下は，チラシの中面ですが，手書きタッチの書体や文房具のモチーフを用いるなど，学生らしい感覚を楽しく表現しています。

この取り組みでは，関西学院大学商学部の石淵順也教授のゼミでマーケティングや消費者行動を研究する学生が，大丸梅田店の店頭で 120 人の女性にアンケート調査をし，その結果をもとに商品アイデアを考案，そして大丸梅田店食品売場の各ショップが試作品を作り，２度の試食会で検討を重ねて完成，という手順を踏みましたが，そういった舞台裏の様子も紹介し，店頭調査のデータ，教授や学生の専門性にも触れています。

「社会的証明」の心理効果を広告に用いるのは珍しいことではありませんが，先にあげた例の「売上ランキング１位」といった言葉のように顔の見え

ない相手でさえ影響をおよぼす中，学生たちの笑顔に満ちた写真は，親近感をもたらし，警戒心を解く効果をいっそう高めるものと考えられます。

また，店頭調査結果に基づき，たとえば大豆を使用した商品に「70％の人が健康・美容のために大豆を食べたいと回答」，栗を使用した商品に「秋に食べたい果実の１位は栗」といった，食材選定の裏づけデータを書き添えることで，説得力を高める効果もあります。

さらには，大学の教授が監修していることで信頼性を高め，大丸梅田店限定販売の商品ということで希少価値も高めています。これらはチャルディーニの基本的原理のうち，「権威」「希少性」にあたるものです。

このように，広告には，心理学の原理がさまざまな形で活かされています。事実に基づいた情報，消費者にとって有益な情報をいかに印象的にわかりやすく伝えるか。消費者の心を動かす広告は，ひらめきや思いつきから生まれるものではないのです。

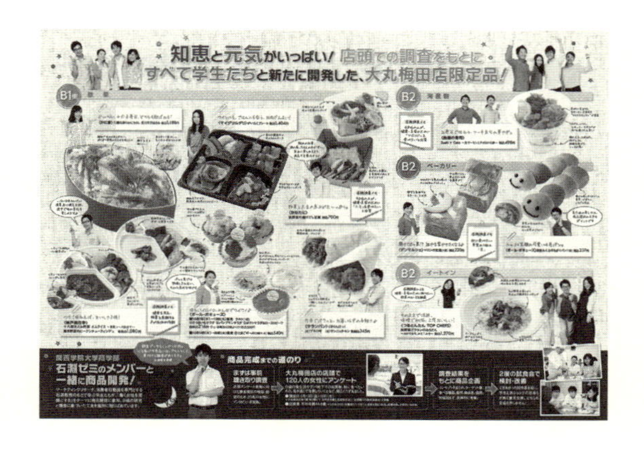

9
知能・性格心理学
浮谷秀一 編

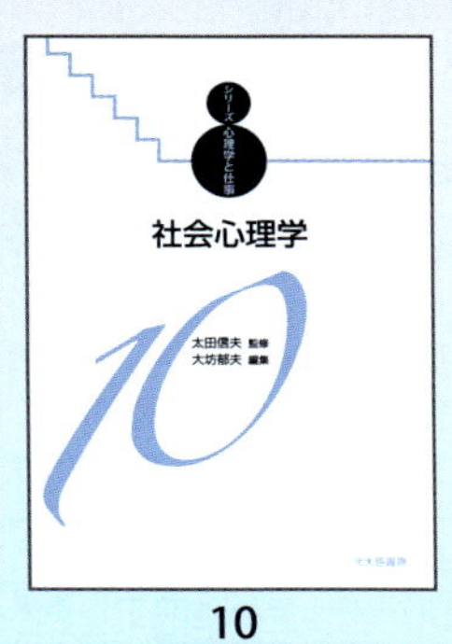

10
社会心理学
大坊郁夫 編

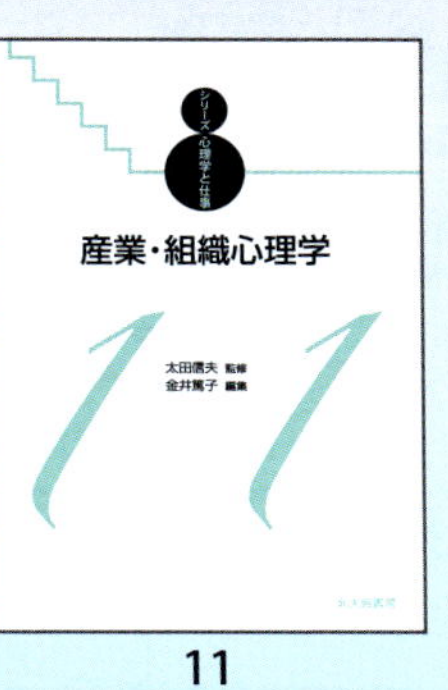

11
産業・組織心理学
金井篤子 編

12
健康心理学
竹中晃二 編

13
スポーツ心理学
中込四郎 編

14
福祉心理学
小畑文也 編

15
障害者心理学
柿澤敏文 編

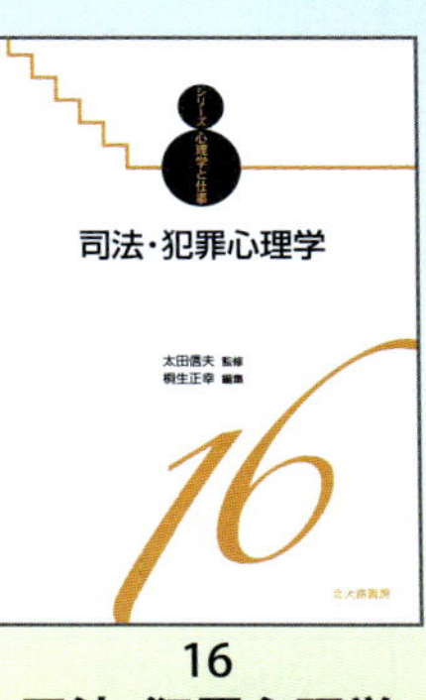

16
司法・犯罪心理学
桐生正幸 編

17
環境心理学
羽生和紀 編

18
交通心理学
松浦常夫 編

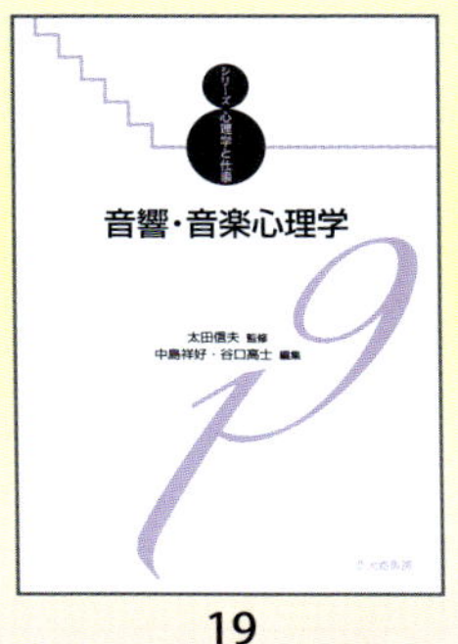

19
音響・音楽心理学
中島祥好・谷口高士 編

20
ICT・情報行動心理学
都築誉史 編

注文・予約書

全国の書店，ネット書店にて，ご注文・ご予約いただけます。
直接，当社へお申し込みも承っております（送料300円が必要です）。
ご予約(未刊行)でのご注文の場合，発刊後にお届けいたします。
なお，本体価格・頁数・発刊時期など変動がありますこと，予めご了承ください。

シリーズ 心理学と仕事 全20巻

Ａ５判・約160〜220頁・予価 2000〜2600円＋税

書　名	注文数	書　名	注文数
1 感覚・知覚心理学	(予約) 冊	11 産業・組織心理学 ISBN978-4-7628-2983-3　本体 2100円＋税	冊
2 神経・生理心理学	(予約) 冊	12 健康心理学　2017年夏刊行 予定	(予約) 冊
3 認知心理学	(予約) 冊	13 スポーツ心理学	(予約) 冊
4 学習心理学	(予約) 冊	14 福祉心理学　2017年冬刊行 予定	(予約) 冊
5 発達心理学 ISBN978-4-7628-2961-1　本体 2000円＋税	冊	15 障害者心理学 ISBN978-4-7628-2984-0　本体 2100円＋税	冊
6 高齢者心理学	(予約) 冊	16 司法・犯罪心理学	(予約) 冊
7 教育・学校心理学	(予約) 冊	17 環境心理学　2017年秋刊行 予定	(予約) 冊
8 臨床心理学 ISBN978-4-7628-2976-5　本体 2000円＋税	冊	18 交通心理学 ISBN978-4-7628-2980-2　本体 2100円＋税	冊
9 知能・性格心理学	(予約) 冊	19 音響・音楽心理学	(予約) 冊
10 社会心理学　2017年夏刊行 予定	(予約) 冊	20 ICT・情報行動心理学 ISBN978-4-7628-2964-2　本体 2200円＋税	冊

【お名前（団体名）】	取扱書店印
【ご住所】　〒	
【お電話】　(　　　　)　　　―	

※ご記入いただいた個人情報は，当社が取り扱う商品のご案内，サービス等のご案内および社内資料の作成のみに利用させていただきます。

お申し込み お問い合わせ先
株式会社 北大路書房　〒603-8303 京都市北区紫野十二坊町12-8
電話：075-431-0361　FAX：075-431-9393　Email：eigyo@kitaohji.com

1節　事故の多くは，人間のミスが深く関わっている

私たちは日常生活でたくさんのミスをします。定期券を忘れてしまったり，エレベーターで行き先階のボタンをうっかり押し間違えたり，反対方向の電車に乗ってしまったりと，いろいろありますね。では職場ではどうでしょうか。仕事中だからといってミスをしないということはありません。実際に社会人となり働く立場になれば痛感することになりますが，仕事上のミスは多くの人に迷惑をかけてしまうので，何とか避けたいものなのです。

また，起こってしまった事故が大きいほどどこか他人事のようにとらえてしまうことがあります。事故が起こると，インターネットやテレビ，新聞などで大きくとりざたされますが，即座に自分にもありえることだと考えることができるでしょうか。「産業・組織心理学」の講義やゼミで，産業災害や日常生活で起こる事故について話し合うと，学生たちが事故当時者を過剰に非難したり，どこか「他人事」のような感覚しかもてなかったりする姿がみられます。これはとても残念なことです。学生でもアルバイト中に怪我（労働災害）をする可能性はあります。また場合によっては自分のミスによって事故を起こしてしまうかもしれません。事故を防ぐためには，立場を置き換えて多くの人が一緒に考え一緒に取り組んでいかなくてはいけないことなのです。

本章では，産業界で起こる事故の原因とその対策，そして企業が行ってきたリスク管理について紹介していきます。まずは産業災害の発生状況と特徴について簡単に説明し，その後に人間がおかしてしまうミス（ヒューマン・エラー）と対策について説明していきます。

2節　産業災害の現況と事故防止対策，そして心理学との関わり

1．日本の産業別労働人口

アルバイトをしている大学生と大学院生に職種を聞くと，「家庭教師・塾講師」「店員（居酒屋・飲食店）」「コーチ，スポーツ・インストラクター」「販売員（量販店）」のほかに，心理学科生特有の職種としてカウンセリングルーム補助員といった答えが集まります。なんだかバラバラのように感じられるかもしれませんが，これらの職種はすべて「第３次産業」に分類されます。「第１次産業」は，農業・林業・水産業を中心とした産業で，自然の恵みを活用した職業が分類されます。「第２次産業」は，資材を加工していく職業が分類され，製造業・建設・精油・鉄鋼業などがあげられます。「第３次産業」は両産業以外，その他の職業がすべて分類されます。第３次産業になるといきなり大雑把になったと思われてしまうかもしれません。しかし，以前の日本は第３次産業が占める割合がとても低かったのです。1950年代を見ると，第１次産業の占める割合が46％前後と高い割合を示す農業国でしたが，経済成長にともなって利益率の高い第２次産業の占める割合が高くなっていきました（図5-1；総務省，2015）。一般に，国の経済成長が発展すると，第１次産業から第２次産業，第３次産業へと労働人口の占める割合がシフトしていく傾向があります（ペティの法則）。日本では現在，第３次産業の労働人口が総数の72％を占めており，この数字から見ても大変な経済大国であることがわかります。

2．日本における労働災害現況

労働人口は増加していますが，労働災害はどうでしょうか。実は，日本の労働災害による死傷者数は，長期にわたり減少傾向にあります（図5-2参照）。死亡者数は，昭和36年（1961年）の過去最高6,712

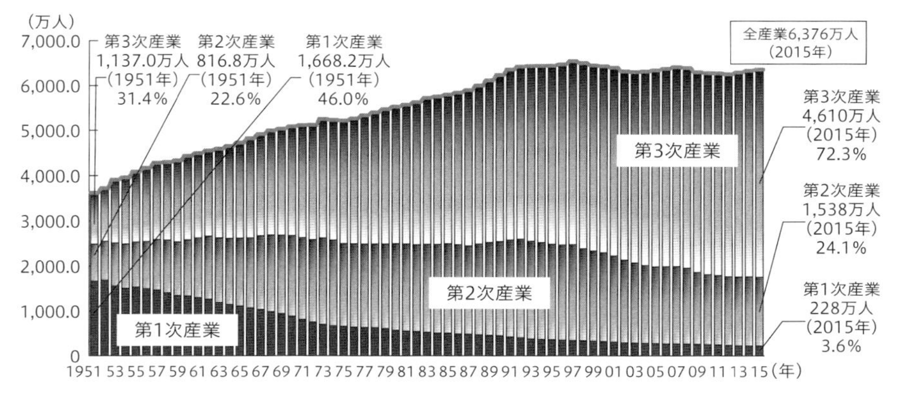

▲図 5-1　産業別就業者数の推移（総務省，2015 より作成）

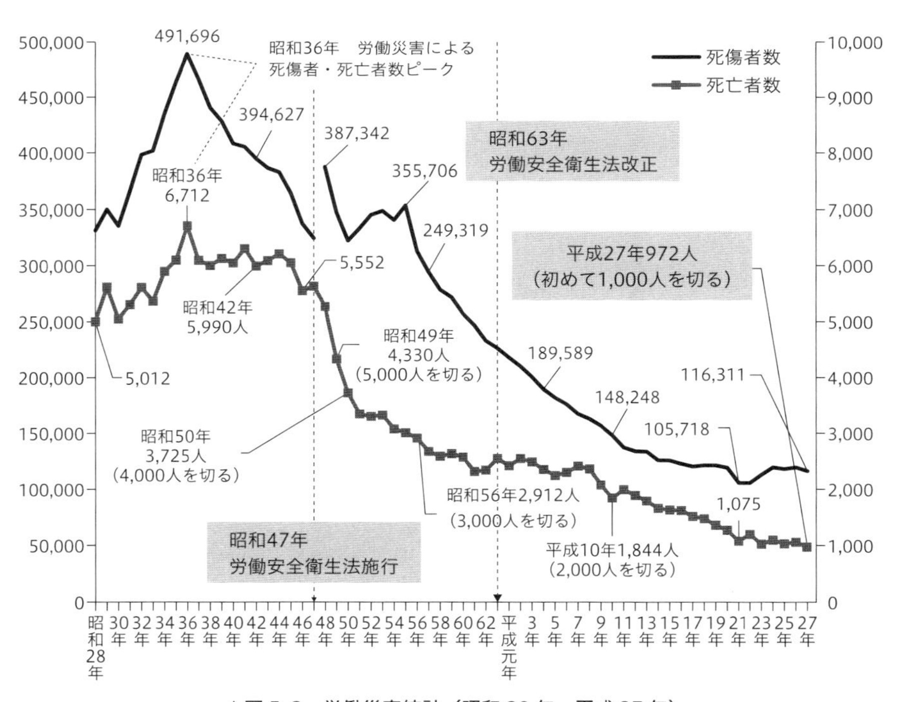

▲図 5-2　労働災害統計（昭和 28 年－平成 27 年）
（厚生労働省，2016a，2016b；中央労働災害防止協会，1989 より作成）

名をピークに，「労働安全衛生法」施行（1972 年）後は減少を続け，近年は最少記録を更新し続けてきました。平成 27 年（2015 年）は死亡者数 972 名となり，史上初めて 1,000 名を切りました（厚生労働省，

2015)。戦後の恒久的な総労働者数の増加を考えると，死亡者数がピーク時に比べ約 7 分の 1 までに減少したことは特筆すべきことです。行政および研究機関，各企業の労働災害防止への長期にわたるたゆまぬ努力の賜物といえます。なおいっそうの努力が望まれてはいますが，この成果は正当に認められるべきことです。

3. 災害ゼロとなる日が来るのか？：事故を防ぐために心理学ができること

図 5-2 に示した災害状況を眺めていると，ふと，いずれ死傷者数がゼロになるのではないかという淡い期待がわいてきます。でも，実際はとても難しいことです。なぜなら，どんなに機械設備による自動化が進んでも，人が関わるところにミス（ヒューマン・エラー）はつきものであるといえるからです。毎年発生する受傷事故や死亡事故の多くが人間のミスや意図的な不安全行動に起因するといわれています。「To Err is Human」（人は過ちをおかすもの）という言葉のように，人間が関わっている限りミスを根絶することは困難です。

人間のミスを根絶することは難しいことですが，ミスをしても事故につながらないようにする対策を講じて，事故につながる可能性を下げることはできます。私たちは事故を防ぐため，日ごろの心がけや安全教育，使用工具や設備のデザイン，組織をあげての取り組みなどを長年取り組み続けてきたことで実際に事故を減少させてきました。

産業災害の約 7 割が人間の些細なミスによって発生しているとする報告もあります。事故防止のための効果的な対策を講じるためには，作業者の心と行動を深く理解する必要があります。このようなときに心理学が大いに貢献してきました。たとえば人がおかしてしまうミスの原因を知るには，知覚心理学や認知心理学の領域で長年研究されてきた，記憶や注意に関する研究成果が役に立ちます。

このように産業・組織心理学では，働く人々の作業負担を軽減し作業能率を高めつつも適切な安全管理が維持されるよう，心理学が蓄積してきた多くの知見を職場との連携を通して活用し発展させてきました。その研究成果を少しずつ見ていきましょう。

3節　事故発生のメカニズムと事故防止活動

1．ヒューマン・エラーと不安全行動とは

すべての人がノー・ミスで常に安全な行動だけを行っていれば，人間側のミスによる事故はなくなるのですが，そのようなことは無理な話です。事故は，うっかりミスや危なっかしい行動（不安全行動）が重なるとき大きな事故になりやすいといわれています。まずは，ミスと不安全行動の特徴を見ていきましょう。

(1) ヒューマン・エラーとは

心理学者のジェームズ・リーズン（Reason, 1990）は，著書“*HUMAN ERROR*”で「エラーとは，計画された一連の精神的または身体的活動が，意図した結果に至らなかったものであり，これらの失敗には，他の偶発的事象の介在が原因となるものを除く」としています。もっとシンプルに説明すると「やろうと思ったことが結果的にうまくいかなかったこと」となります。いわゆる凡ミス，勘違い，失敗などといったほうが身近に感じられるかもしれません。エラータイプを考える方法では，一連の行動を「計画段階」と「実行段階」に分ける，スリップ（実行エラー）・ラプス（記憶関連のエラー）・ミステイク（計画段階のエラー）の分類方法（Norman, 1981, Reason, 1990）（図5-3）と対策がよく紹介されてきました。「ボタンの押し間違い」といったスリップ（実行エラー）は，人が対象物に対し「注意」を適切に向けていないために起こるといわれています。たとえば「慌てていた」り，「ボーっとしていた」りするとボタンの押し間違いのようなスリップ（実行エラー）が起こってしまうのです。

(2) 不安全行動（リスクテイキング）とエラーとは

事故は不安全行動とエラーが重なったときに巨大化する傾向があるといわれています（芳賀，2000）。不安全行動とは何でしょうか。日常生活では，赤信号で渡ってしまう行為やスピード違反が代表例になると思います。これらの行為は多くの方が経験のあるといってもよいでしょう。不安全行動はこのように，いけないと知りつつもあえて「意図的に」やってしまう行為です。エラーと「意図的な不安全行動」の

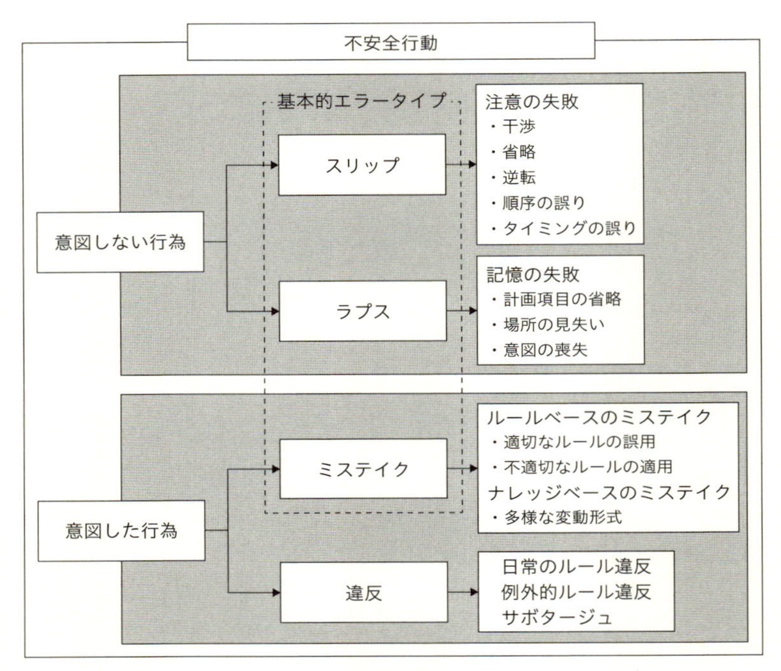

▲図 5-3　基本的エラータイプと違反の関係（Reason, 1990）

違いを整理すると，エラーは「自らとった行為が意図した結果に終わらなかったもの」であり，意図的な不安全行動とは，自動車の運転時に起こるスピード違反や高所作業時の安全帯不着用のように，「その行為がルールから逸脱すると知りながらもあえてとる行動」とすることができます。両者の大きな違いはこの意図の有無です（図 5-3）。また，芳賀は「リスクテイキング」と「ルール違反」，両者の発生要因として，リスクテイキングは，リスクの評価が小さいとき，行動を実行した際の利得が大きいとき，または安全行動をとったときのコストが大きいときに実行されるとしました。また，ルール違反はルールへの賛成度やルールへの理解，組織の実行率などが関わるとしました（表 5-1）。

(3) 事故はエラーと不安全行動が重なるときに巨大化する

ちょっとしたミスをしたからといって，または「赤信号で渡る」「スピード違反」といった危ない行動をとったからといって，即，事故と

▼表 5-1　不安全行動とルール違反の要因（芳賀，2000 より作成）

リスクテイキング（不安全行動）の要因
(a) リスクに気づかないか，主観的に小さい
(b) リスクをおかしても得られる目標の価値が大きい
(c) リスクを避けた場合（安全行動）のデメリットが大きい
(d) リスクテイキング行動自体に効用がある
ルール（マニュアル）違反の要因
(1) ルールを知らない
(2) ルールを理解していない なぜそうしなければならないか，なぜそうしてはいけないかをわかっていない
(3) ルールに納得していない 理屈はわかっていても心から賛同しているわけではない
(4) みんなも守っていない
(5) 守らなくても注意を受けたり，罰せられたりしない

はならないことが多いことは経験上理解できると思います。事故が起こるときは，不安全な行動を繰り返していたりミスを繰り返していても対策を講じないまま作業を続けているときに，両者が重なったり他の要因が加わったりと「そのときに限って」「不幸な条件が重なって」結果の重大性が変わってきてしまいます。先ほども記しましたがミスをなくすことは難しいです。不安全行動も安全な行動に切り替えてもらうことは困難ですが，結果の重大性つまり事故リスクを適切に理解できているときには不安全行動が起こりにくいといわれています。次項で不安全行動が起こりやすい状況と起こりにくい状況についてもう少し詳しく説明します。

2. 危なっかしい行動はなぜ起こる？：不安全行動が起こりやすい状況とは

(1) 不安全行動は繰り返せば繰り返すほどリスク判断がより甘くなっていく

不安全行動は何度も繰り返されることでリスクに対する認識が甘くなる傾向があります。図 5-4 は，ある作業員が不安全行動を繰り返すことによって，過信とリスク認知水準の低下とのギャップが生じる様子を示しています。たとえば「安全帯不着用」でなんともなかったとします。無事である確率は単純に考えて 2 分の 1 です。そして 2 回連続無事である確率となると 2 分の 1 × 2 分の 1 で 4 分の 1 となります。3 回連続だと 8 分の 1，4 回連続だと 16 分の 1，5 回連続だと 32 分の 1…と逆に実際の事故リスクはかなり高くなっていきます。しかし

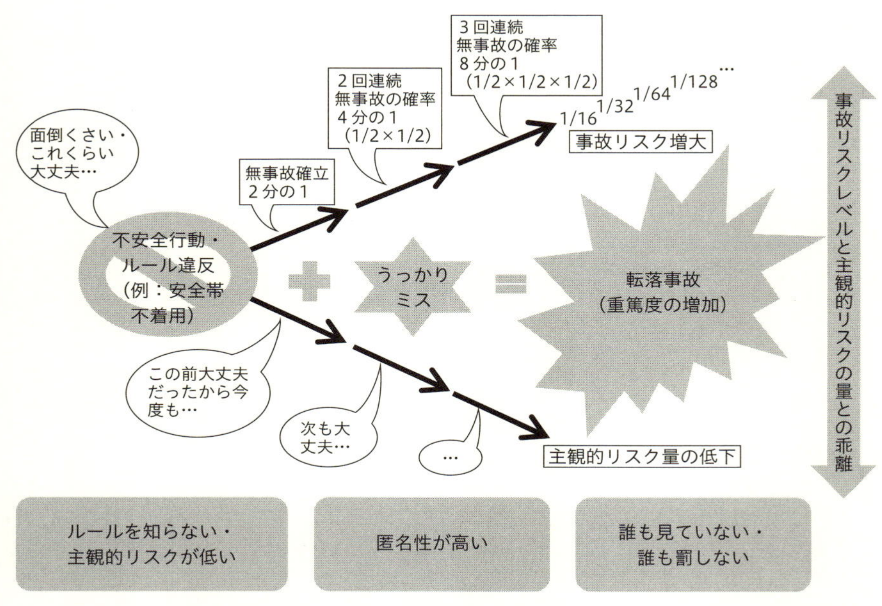

▲図 5-4　不安全行動の繰り返しによる危険認識水準の低下と実際の事故リスクの増大

不安全行動を繰り返す人はこれまでまったく問題なかったので，リスクに対する認識が甘くなり，実際の事故リスクと認知量の間にギャップができてしまう可能性があります。こうして「事故リピーター」が生まれてしまうのかもしれません。表 5-1 にも記されていましたが，「誰も罰しない・注意しない」といった環境や「誰がやったかわからない」匿名性の高い職場では，不安全行動やルール違反が起こりやすくなります。

（2）適切なリスク認知水準を保つことができれば不安全行動は減少する

不安全行動は種類によって違いがあるのでしょうか。芳賀ら（1996, 2000）は，日常生活で起こる安全とはいえない行動（夜間に自転車を無灯火で走行する，飲酒運転など）に対し「実行率」と「危険度」を評価してもらいその差を検討した結果，両者に負の相関がみられることを明らかにしました。申ら（2014）は，芳賀らの質問項目のほかに近年みられる「歩きスマホ」のような行為やその他の危ない行動に関する項目を加えて同様の調査を行いました。その結果を見ると，芳賀

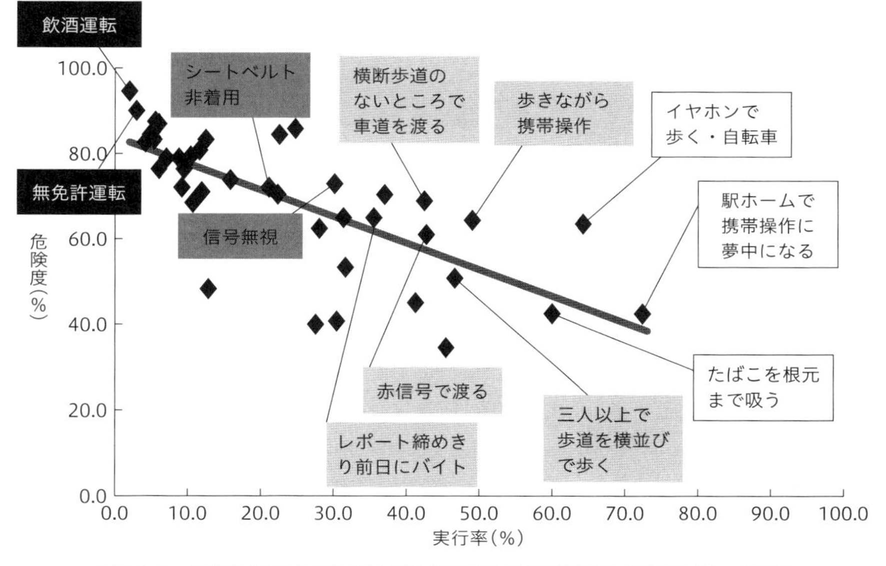

▲図 5-5　日常生活の中の危ない行動に関する危険認識度と実行度（申，2013）
大学生の「行動確率」と「危険度」の散布図
（大学生全 82 名／うち運転免許取得者 61 名・喫煙者 4 名）

らの研究結果と同様に「実行率」と「危険度」に負の相関がみられました（図 5-5）。「飲酒運転」などはほぼ 100％危険であると認識しているので実行率はほぼ 0 ％（絶対にやらない）ことがわかります。逆に「駅ホームで携帯操作に夢中になる」といった行為は「危険度」は 4 割で「実行率」は 7 割強でした。

図 5-5 からわかることは，本当に危ないと認識している行動は，何かあると大変な事故につながるので行わない。でも「歩きスマホ」行為は，あまり危険だと思っていないし，便利だから続けたいと思うあまり危険を無視しようとするため，頻繁に行動してしまうために，どんどん周りにも気を配らなくなり夢中になりすぎる状況に陥ることも増え，このようなときに事故にも遭いやすくなるのです。自身の事故リスクを適切に認識し周りの人の状況をきちんと配慮することで，自然に不安全行動を少なくしていける可能性があります。実際に「歩きスマホ」は大変危険です。急いで走っていて周りの状況が見えていない人と「歩きスマホ」の人が，つまり不安全行動をしている人同士が 1 つの空間に多数重なると，必然的に事故リスクが高くなってしまう

のです。駅や病院などの公共の場では，不特定多数の人が行きかいます。各個人が不安全行動を抑えることでお互いの事故リスクを抑える配慮ができるとよいですね。

3. エラー（ミス）別対策紹介：1人で気軽に始められる対策を中心に

「化学プラント運転に関する誤操作要因の解析と評価」（中央労働災害防止協会，1980）では，過去の事例からエラーの形態を①「作業情報が正しく提供・伝達されなかった」②「認知・確認のミス」③「判断・決定のミス」④「操作・動作のミス」⑤「操作後の確認ミス」の5つにまとめ，直接原因についても記しています（表 5-2）。エラータイプの説明では，先に記したスリップ（実行エラー）・ラプス（記憶関連のエラー）・ミステイク（計画段階のエラー）（Norman, 1981; Reason, 1990; 図 5-3）とタイプ別対策が紹介されます。でも実際の

▼表 5-2　ヒューマンエラーの形態と直接原因および考えられる対策例（中央労働災害防止協会，1980 より作成）

ヒューマン・エラーの形態	直接原因と状況（例）	考えられる対策（例）
①作業情報が正しく提供・伝達されなかった	• 情報が与えられなかった • 表示の場所，伝達方法が不適当	• 5W1H（誰が・何を・いつ・どこで・なぜ（目的）・どのように）を互いに確認する
②認知・確認のミス	• 他のことを考えていたための見逃し • 聞き逃し • 距離・高さ・速さ・文字の読み違い	• 職場（工具・機器類・掲示物）の使いやすさ・見やすさチェック • 指差し呼称 • ダブル・チェック • 指示内容の確認工夫
③判断・決定のミス	• 他の用件の割り込みでの気の奪われ • 思い込み（相手は知っていると思い連絡しなかった）	• 作業が中断されない工夫 • 確認方法の工夫 • 小集団活動
④操作・動作のミス	• 立ち上がったときのよろけ，めまい • 心配事や次の作業が気になっての操作ミス • 操作が脱落	• 指差し呼称 • チェック・リスト • メンタル不調対策 • 職場の雰囲気作り
⑤操作後の確認ミス	• 確認するつもりが何かのはずみで忘れてしまった • 指摘されて初めてミスに気づいた	• チェック・リスト • メモをとって必ず見るところに置く • アラームのセット • ダブル・チェック

作業現場では，単純に分けることが難しい場合もあります。また，チームでの作業はより複雑となりますし，エラーの分類に迷うことも多く経験されているからなのかもしれません。ふだん行っている作業のミスと原因を整理するとき，表5-2のほうが，作業とエラー例がセットになっているので受け入れやすいかもしれません。エラー別対策について順に説明していきます。

①「作業情報が正しく提供・伝達されなかった」は，作業者同士のコミュニケーション・エラーで，情報の提供者側が受け手側に情報を適切に与えなかったり受け手が確認を怠ったりすることで認識間違いや勘違いが起こってしまうのです。5W1H（Who 誰が・What 何を・When いつ・Where どこで・Why なぜ〔目的〕・How どのように）を意識しながら互いに確認することで理解の齟齬を防ぎやすくなります。お互いにメモを確認するのもよいでしょう。

②「認知・確認のミス」は，見間違い・誤読，聞き逃しなどのミスです。これは，焦っていたりボーッとしていたりと，意識が散漫または減弱していて対象にしっかり注意を注げないことが原因で起きます。見やすさや使いやすさの工夫をしたり，指差し呼称やダブル・チェックしたりするといったやり方が効果的です。

③「判断・決定のミス」は，思い込みやコミュニケーション・エラーです。確認方法の工夫をして防ぐことができます。

④「操作・動作のミス」は，作業場のミスで手順を省いたりしてしまうミスです。呼び止められたり急な別作業をしなければならなくなったりして作業が中断されてしまい，従来の作業がうまくできなかったといったことが考えられます。

⑤「操作後の確認ミス」は，ミスに気づかないうっかりミスをいいます。確認するつもりが何かのはずみで忘れてしまった，指摘されるまで気づかなかったといったケースが当てはまります。チェック・リストやメモ，アラームを活用することも有効です。

これらの対策例は複数のミスで重複しています。重複している中でも，１人で気軽に始められるものの代表例は，やはり「5W1Hに気をつける」「指差し呼称」「ダブル・チェック」「メモまたはアラーム」ではないでしょうか。5W1Hは，コミュニケーション・エラーを避けるためには欠かせないものです。また指差し呼称も間違いなく有効です。

何もしないで作業した場合と指差し呼称を取り入れた場合では，エラー率が有意に下がることがわかっています（芳賀，2000）。これは先ほどご紹介した実行エラー（スリップ）が注意の減弱・混乱によって起こるものですから，その注意がしっかり注がれるように指を差すことで間違いを防ぐことができるのです。また，視覚・聴覚・運動感覚などのマルチ・チャンネルで多重に確認することができるので，ダブル・チェック機能を果たします。気軽に始められるし，コストもかかりませんので大変お得な対策の1つだと思います。ぜひ，確実に取り入れてください。メモやアラームは，思い出したり作業内容の確認をしたりするために有効です。作業内容を正確に記憶して脳内に保持し，タイミングよく思い出すということは，年齢を重ねるほどに難しくなっていきます。記憶しなければいけないものはメモにまとめ，必ず見えるところに貼っておく。これだけで，ど忘れを防ぐことができます。面倒に思わず，重要なことについてはぜひ実行してください。

4．事故防止のための組織で行う取り組み

事故を防止するためには，事故に至る前に危険源を認識し，対策を講じることが必要です。また，事故となっても被害を最小限に抑えることも必要です。以下に代表的な手法や活動および組織的な取り組みを整理します。

（1）KY 活動

KY とは危険予知（Kiken Yochi の略）のことです。KY は，住友金属で開発されたものですが，現在は，建設現場や製造業，消防活動などの安全管理・事故防止対策のために，広く導入されています。KY は，通常，一日の作業を開始する前に行われ，当日の作業に対する危険を予知し，安全確保上のポイント・対策を作業員に周知させ，安全の徹底を図ることを目的としています。KY の進行は通常，職長（リーダー）によって行われますので，やり方によっては KY の質が大きく変わってしまうこともあります（中・正田，2001）。長年行ってきた結果，安全帯の着用や梯子の固定など同じ内容に集中しやすく，形骸化されやすいことは確かですが，「重要なポイントを繰り返す」「メンバーを7人前後までに抑える（責任の分散――メンバーが多くなると

自分１人くらいきちんと聞かなくてもいいかと思ってしまう——を防止)」「フィードバック」などの工夫によって適切な効果が期待できることもわかっています（申ら，2002)。何でもやり方一つでよくも悪くもなるということです。

(2) リスク・アセスメント

事故はまだ起こっていないけれども，このまま放置すれば事故が起こってしまうかもしれない危険有害要因（不安全な要因）を評価し，対策を立てて重大事故を未然に防ぐ方法です。リスク・アセスメントでは，各作業現場の作業内容から「危険源（潜在リスク)」を特定し，リスクを推定・評価，「重大性」と「頻度」などを加味しながら，優先度の高いものから対策を講じていきます。

(3) ヒヤリ・ハット／インシデント・リポートの活用

大きな事故を防ぐためには，事故に至る前に危険源を察知し対策を立てることが必要です。そのためにも不安全な状態や体験の情報が必要となりますが，その情報をインシデント（事象）といいます。日本ではヒヤリ・ハットという言葉がよく使用されています。ヒヤリ・ハットとは，危ない場面で「ヒヤッ」としたり「ハッ」としたりしたけれども，なんとか怪我をせずに済んだ体験です。航空・医療・建設などの災害・事故を分析すると，作業従事者の単純なミスによって引き起こされたケースは少なくありません。しかし，重大な事故だけを調査してもケースが不足し，具体的な原因を探ることが難しくなります。そこで，ヒヤリ・ハットやインシデントは件数も多いため，危険源抽出のための重要な「情報提供者」として注目されています。

(4) よい安全文化醸成のための取り組み

よい安全文化とは，組織の構成員全員が，安全の重要性を認識し，不安全行動の防止を含めたさまざまな事故防止対策を積極的に進めていく姿勢と有効な仕組みをもつ組織の文化を指します。リーズンは，安全文化の構成要素として，エラーやインシデントを包み隠さず報告する①「報告する文化」，安全規則違反や不安全行動を放置することなく，罰すべきところを適切に罰する②「正義の文化」，過去に起こったエラーやミスなどの安全に関わる情報を学び，そこから組織にとって必要と思われる対策を講じることができるような③「学習する文化」，必要に応じて組織の命令形態などを変えることができる④「柔軟な文化」に分けて説明しています（Reason, 1997）。

組織や集団内での安全・事故防止は，個人でできることは限られていますので，効果的な対策を講じるためには，組織構成員が一致団結して安全に取り組むことが不可欠となります。しかし，安全に関わる指摘や提案をしづらい雰囲気のある職場では，よい提案がなされても無視されてしまいます。

事故を防ぐためには「よい安全文化」の醸成が必要であり，安全風土の測定方法の開発と改善手法がこれまで試みられてきました。しかし，各産業には，公共性の高い産業，利益追求型の産業または企業など，さまざまな特性があり，全産業（企業）に共通して信頼性の高い測定方法と効果的な活動はいまだ開発されていないのが現状です。

また，先に記した安全文化の４要素は記述の順，つまり「報告する文化」，「正義の文化」，「学習する文化」，「柔軟な文化」の順に文化の醸成が難しくなるといわれています。したがって，組織的に安全文化醸成に向けて取り組むときには，この要素の順に取り組むとよいとされています。

4節　各産業のリスク特性と事故対策

1．各産業のリスク特性

一口に労働災害といえどもその業種は多種多様です。事故発生が即重篤な被害となりえる業種もあれば，事故件数は多くともその多くが重篤な結果をともなわない業種もあります。また事故でも個人の事故の範囲内でおさまるものもあれば，組織全体に被害を及ぼすものもありますし，事故を起こした本人が被害を受ける事故もあれば，事故を起こした当事者は無傷で，まったく関連のない第三者が被害を受けるものもあります。

リーズンは各産業のもつリスクを，個人の事故に関わる「個人の傷害リスク」と組織事故に密接に関連する「要となるオペレータのエラーに関わるリスク」「潜在的原因」「第三者へのリスク」，の４つの項目によってリスク水準を分類しています（表5-3）。この表によると，巨大システムの制御がごく少数の作業従事者に集中する産業には，医療と金融サービスが，第三者へのリスクがともなう産業には，原子力発電，化学プラント，航空，石油，船舶，医療が分類されています。中でも医療は巨大システムの制御が極少数の作業従事者に集中するリスクと第三者へ影響を及ぼすリスク両者をあわせもっています。「個人の傷害リスク」は個人のミスが事故となり，傷害の範囲も個人内におさまることが多くなります。また，「要となるオペレータのエラーに関わるリスク」は，巨大システムが極少数の成員によって統御されている産業であり，１人あたりのエネルギー量も多く事故が大きな規模にな

▼表5-3　４つのリスクのタイプによる産業界の比較（Reason, 1990/1999 より一部改変）

		個人事故に関連	組織事故に密接に関連		
		個人の傷害リスク	要となるオペレータのエラー	潜在的原因	第三者へのリスク
		（多くの場合，事故による災害は当事者に限定される）	（巨大システムの制御が極少数のオペレータに集中）	（修理・保守や経営や組織的問題等に内在する，潜在的なコンディションが蓄積）	（通行人，患者，投資家，納税者，近隣住民へ被害が及ぶ）
産業	原子力発電	非常に低い（通常時）	高い	高い	非常に高い
	化学プラント	低ー中（通常時）	高い	高い	非常に高い
	商業航空	中ー高（地上勤務）	高い	高い	非常に高い
	先端的製造業	非常に低い（通常時）	高い	高い	変わる
	石油探索・生産	高い	高い	高い	非常に高い
	船舶	高い	高い	高い	非常に高い
	鉄道	高い（整備工事）	高い	高い	高い
	建設	非常に高い	中ー高	高い	高い
	鉱業	非常に高い	中ー高	高い	低ー中
	医療	中	非常に高い	高い	非常に高い
	金融サービス	非常に低い（通常時）	非常に高い	高い	高い
	スポーツスタジアム群集管理	高い	高い	高い	高い

りやすいのです。「第三者へのリスク」は各産業で起こりうる事故の規模をよく反映しています。

以上のリスク要素を考慮して，次項から各産業を個人と組織の要因とともに整理していきます。3節の3. と4. で紹介しました事故防止のための対策や活動もまた出てきます。事故に至らないように複数の対策が同時に行われ，安全管理が進められていることを知ってください。

2. 個人のエラーが事故の主要な原因となる産業

個人の事故が主要な原因となる産業には，建設業・製造業・鉱業・運輸業など比較的身体的負担の強い産業と，近年急激に件数の増加がみられる第3次産業があげられます。労働災害による死亡者数を産業別に見ると，死亡者数は建設業，製造業，陸上貨物運送事業の順に多く，死傷者数では第3次産業が半数を占める状況が続いています。全体の災害発生原因を見ると，最も死亡件数の多い建設業では，死傷者・死亡者ともに「墜落・転落」が多く，製造業では「挟まれ・巻き込まれ」が，陸上貨物運送事業では死亡事故の70%が「交通事故」です（図5-6）。そして，第3次産業では「転倒」が非常に多いことがわかります。これらの業種ごとの労働特性と災害特性を適切に理解し，

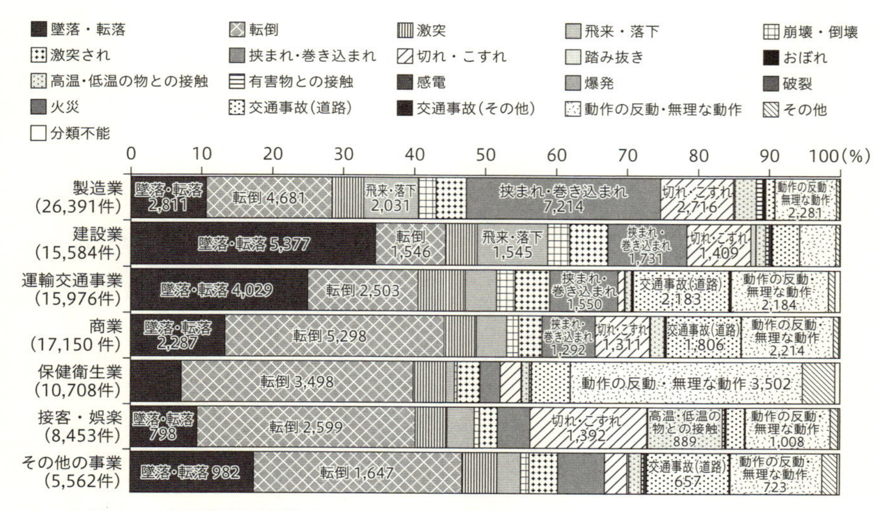

▲図5-6　主要業種別事故型別労働災害発生状況（平成27年　全産業：116,311件）
（厚生労働省，2016c；中央労働災害防止協会　http://www.jisha.or.jp/info/bunsekidata/index.html　http://www.jisha.or.jp/info/suii.html より作成）

適切に対策を講じることが事故防止のために必要となります（製造業での事故防止のための取り組みについては，本章最後の「現場の声 12」を参照してください）。

（1）飲食業の事故リスク（高校・大学生の事故多発傾向）を知ってください！

第３次産業の死傷者数が全体の約５割を占めるようになったことは先に記しました。詳しく見ると，ほとんどが「転倒」「切れ・こすれ」「やけど」などです。これらの多くはバックヤード内で起こっているため「バックヤード事故」ともいわれます。実際にどのような方が被災しているか調べたところ，第３次産業では 19 歳以下と 20 代の占める割合が他産業に比べ大変多いことがわかっています（図 5-7）。そもそも 10 代の労働人口はとても少ないはずですが，事故件数の割合がとても高いようです。1,000 人あたりの事故率を年代別に見ると 19 歳以下（3.06）と 60 代（3.02）が他の年代の倍ほど高いことがわかっています（図 5-8）。大学生を対象にアルバイト中の受傷事故を調べた

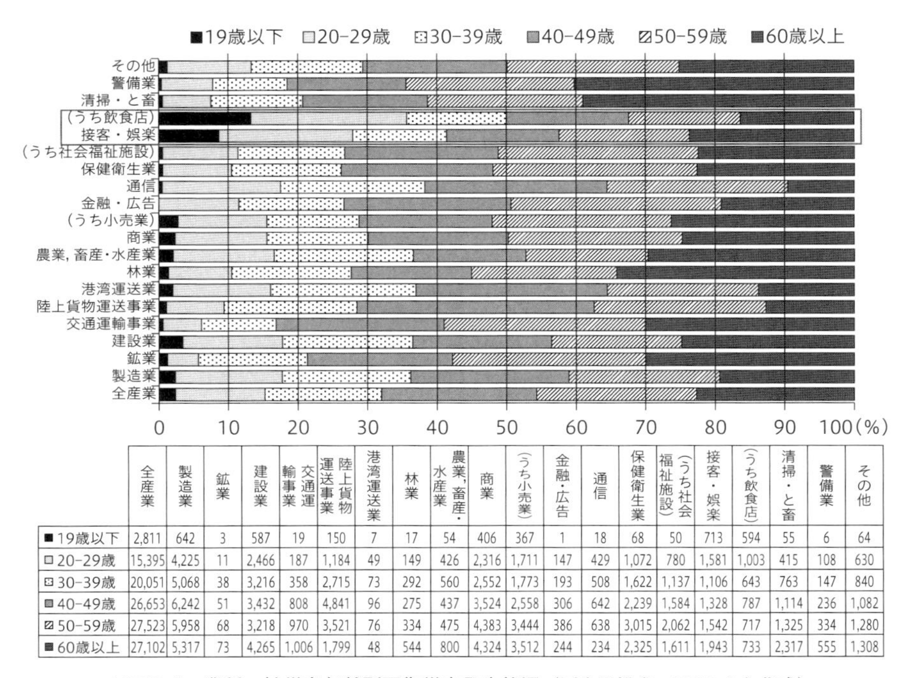

	全産業	製造業	鉱業	建設業	交通運輸事業	陸上貨物運送事業	港湾運送業	林業	農業，畜産・水産業	商業	（うち小売業）	金融・広告	通信	保健衛生業	（うち社会福祉施設）	接客・娯楽	（うち飲食店）	清掃・と畜	警備業	その他
■19歳以下	2,811	642	3	587	19	150	7	17	54	406	367	1	18	68	50	713	594	55	6	64
□20-29歳	15,395	4,225	11	2,466	187	1,184	49	149	426	2,316	1,711	147	429	1,072	780	1,581	1,003	415	108	630
⊡30-39歳	20,051	5,068	38	3,216	358	2,715	73	292	560	2,552	1,773	193	508	1,622	1,137	1,106	643	763	147	840
■40-49歳	26,653	6,242	51	3,432	808	4,841	96	275	437	3,524	2,558	306	642	2,239	1,584	1,328	787	1,114	236	1,082
▨50-59歳	27,523	5,958	68	3,218	970	3,521	76	334	475	4,383	3,444	386	638	3,015	2,062	1,542	717	1,325	334	1,280
■60歳以上	27,102	5,317	73	4,265	1,006	1,799	48	544	800	4,324	3,512	244	234	2,325	1,611	1,943	733	2,317	555	1,308

▲図 5-7　業種・被災者年齢別死傷災害発生状況（厚生労働省，2015 より作成）

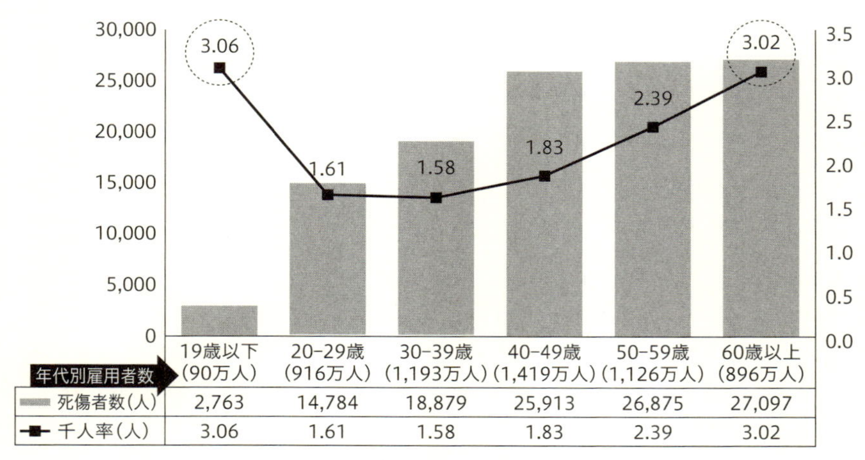

年代別雇用者数	19歳以下(90万人)	20−29歳(916万人)	30−39歳(1,193万人)	40−49歳(1,419万人)	50−59歳(1,126万人)	60歳以上(896万人)
死傷者数(人)	2,763	14,784	18,879	25,913	26,875	27,097
千人率(人)	3.06	1.61	1.58	1.83	2.39	3.02

▲図 5-8　年代別死傷者数および千人率（平成 27 年）
（中央労働災害防止協会，2013a，2016 より作成）

ところ，飲食店では「転倒」「切れ」「やけど」などの経験が多数報告されています（申，2015；図 5-9；表 5-4）。60 代の事故の原因は身体機能の低下によるところが大きいことが推察されます。他方，19 歳以下の事故が多い原因は，教育不足とリスクを正確に認識できなかったことによる不安全行動，うっかりミスが重なったことが考えられます。また環境がきちんと整備されていない可能性もあります。転倒災

▲図 5-9　飲食店の安全衛生活動好事例集（中央労働災害防止協会，2013b）

▼**表 5-4　大学生の飲食店勤務時の受傷体験**（申・佐藤・海野，2015 より抜粋）

ケガ	学年	年齢	性別	職　種	概　要	発生場所
切れ	3	20	女性	ファミレス	小さな切り傷	作業場
	3	21	女性	すし屋(チェーン)	指を切った	洗い場
	2	19	女性	ファーストフード	手に切り傷	キッチン
	2	20	男性	ファミレス	指を切った	ホール
	3	21	女性	居酒屋	切り傷	キッチン
	2	20	女性	惣菜販売	指を切った	キッチン
	2	20	女性	惣菜販売	切り傷	売り場
	3	21	男性	ファーストフード	段ボールで指を切った	倉庫
	2	20	女性	ファミレス	伝票の触りすぎ（？）で指の皮が切れた	廊下
	2	20	男性	喫茶店	セロハンテープを切る部分で手を少し傷つけた	レジ周囲
	3	21	女性	居酒屋	ナイフで切り傷	作業場
	4	21	女性	和食・洋食店	ねぎを切っている時に手をすべらせて左手の指をざっくり切った	キッチン
	4	22	女性	惣菜販売	ハムをスライスするスライサーで右の指と右手首を切った	職員同士がよく通る狭い通路
	2	20	女性	和食・洋食店	のりまきカッターで指を切った	キッチン
	4	22	女性	和食・洋食店	たくさん缶詰を開けるので，その開けた缶で手を切った	ホール
	4	21	女性	居酒屋	コンロのごとくの下に敷くアルミホイルの受け皿（使い捨て）で手を切った	キッチン
	2	20	女性	惣菜販売	台の持ち方が悪かったせいか，指が切れた（たとえるなら，紙で指をゆっくり切ってしまうような感覚）	キッチン
	3	20	女性	居酒屋	グラスを割って切り傷	キッチン
	3	21	男性	ファーストフード	濡れた手で何度かトングを使用していたら指を切った	洗い場
	4	21	女性	居酒屋	割れものの破片を踏んだ	床（ホール）
激突	3	21	女性	ファミレス	鼻を冷蔵庫のドアにぶつけて皮がむけた	バックヤード
転倒	—	—	—	ファミレス	滑って転んでお尻を打った	ホール

▼表 5-4　大学生の飲食店勤務時の受傷体験（続き）

ケガ	学年	年齢	性別	職　種	概　要	発生場所
火傷	4	22	女性	ファミレス	やけど	キッチン（洗い場）
	3	21	男性	喫茶店	やけど	
	2	20	女性	寮の食堂	やけど	キッチン
	2	19	女性	和食・洋食店	やけど	作業場
	4	22	女性	和食・洋食店	やけど	休憩室
	4	22	男性	ファミレス	やけど	キッチン
	4	22	女性	ファミレス	やけど	キッチン
	2	20	男性	ファミレス	やけど	キッチン
	2	20	男性	居酒屋	やけど	キッチン
	1	19	男性	和食・洋食店	やけど	キッチン
	4	21	女性	和食・洋食店	やけど（レンジで温めた食材で）	キッチン
	4	22	女性	惣菜販売	パンをのせる鉄板に触って腕をやけどした	パンの製造場
	4	22	女性	和食・洋食店	ごとくを触ってやけどした	キッチン
	3	21	女性	ファミレス	鉄板に触れてやけどした	作業場
	2	20	女性	和食・洋食店	熱い油がはねて手にやけどを負った	キッチン
	3	21	女性	和食・洋食店	腕をやけどした	キッチン
	4	22	女性	ファミレス	親指の腹をやけど	キッチン
	4	22	女性	ファーストフード	手のやけど	キッチン
	3	21	女性	和食・洋食店	親指の軽いやけど	ホール
複数	4	22	女性	居酒屋	やけど，青あざ	キッチン
	2	20	女性	ジュース屋	切り傷，青あざ，やけど，挟まれる	キッチン
	2	19	女性	ファミレス	包丁で指を切った。オーブンでやけどした	キッチン
	2	20	女性	和食・洋食店	メニュー表のホッチキスが指に刺さった。小さな切り傷	ホール
	—	—	—	ファミレス	やけど，切り傷	キッチン
その他	4	22	女性	和食・洋食店	木の枝をふとももに刺した	客間

害が多いということは，床が滑りやすい環境を放置している可能性が高いです。滑りやすい環境を改善すれば比較的早く簡単に事故リスクを下げることができるのですが，なかなか改善されない場合は安全管理上，大きな問題ではないでしょうか。防滑マットを敷いて改善した

り，滑りにくい安全靴を履いたりするだけでリスクはかなり下がります。ぜひ，気をつけてください。

3．組織事故となる要素の多い産業

近年，労働災害による死傷者数が減少を続ける一方で，社会的にも経済的にも影響を及ぼすような大事故が相次いで発生することがあります。国内初の臨界事故でもあり，被爆による死亡者（２名）を出した事故である「JCO 臨界事故」(1999 年９月 30 日)，最終的には１万 4,780 名（厚生労働省発表）もの食中毒者を出し過去最大の食中毒事件となった「雪印乳業集団食中毒事件」(2000 年６月〜７月)，106 名の犠牲者を出した JR 西日本福知山線事故（2005 年４月 25 日）等の大事故や不祥事などがそうです。これらの事故は個人の単純なミスから発生するかもしれませんが，ミスやルール違反をさせてしまうような組織の構造的な問題などの背後要因が影響を及ぼしていると考えられます。このように，事故の影響が組織全体に影響を及ぼすようなものを「組織事故（Organizational Accidents)」といいます（Reason, 1997)。組織の要素が強い業種には，化学プラント，原子力，航空，医療などがあげられます。

(1) 作業行為自体がリスクをともなうような産業：医療，消防

①医療　医療事故の統計データは，以前はほとんど集められていませんでしたが，現在は「インシデント・リポート・システム」が確立しています。これは，大きな事故を防ぐために，軽微な事故や事故になっていたかもしれない事象（インシデント）を報告するシステムです。インシデント・リポート・システムの確立によって，その傾向を窺い知ることができるようになりました。初期の報告では，11,000 件のインシデントのうち約 46.7%が投薬ミスで，次いで転倒事故が 15.7%を占めていましたが（川村，2000)，現在は転倒事故の割合が増えています。患者の転倒リスクを事前に把握してベッドの高さを低くしたり，移動の際には必ずナースコールをしてもらい介助を求めてもらうなどの転倒防止に向けた対策が進められています。次に，投薬ミスの防止には先に紹介した「指差し呼称」があります。医療での「指差し呼称」は，2000 年前後から急速に普及し医療過誤防止のための一助となっ

ています。その他にも医療界では，インシデントを分析したり，事故リスクを管理したりする専任「リスク・マネージャー」を置いています。リスク・マネージャーによる医療過誤防止への寄与は非常に大きいといえます。

②消防　消防活動は消防活動自体が危険をともなう活動ですのでかなりの事故件数があると誤解されることが多いのですが，実際には重篤な事故件数が少ないのです（神田ら，2004；元橋ら，2004）。それは，受傷事故がいったん起きてしまうと重篤な結果に至ってしまうため，事故に至らない工夫をかなりされているからであるともいえます。事故を分析すると，独特な特徴があります。消防士の消防活動は大きく分けて，「現着前（現場到着まで）」，消火活動期間を示す「初期（建物進入前まで）」「中期（進入後から延焼防止まで）」「後期（延焼防止から鎮火まで）」，消火活動を終え機材を収納し，戻るまでの「収納期」に分けることができます。どのような段階で受傷事故があるかというと，消防士の受傷事故の約５割が「初期」に，約３割が「中期」に集中していることがわかっています。原因は，落下物による怪我が最も多く，消火中の火傷，接触による怪我などがあげられています。ただ件数上，最も発生件数が高いのは消防活動ではなく，「訓練中」です。少しイメージとは違いますね。消防士という仕事は，勤務時間中の出動時間・件数・規模を予測することはできないので，有事に備えて訓練を怠ることはできません。このため，火災件数が極端に少ない地域では訓練時間の割合が大きくなるため，訓練中の受傷事故の件数が占める割合が年々増加しつつあります。現在に至っては火災出動時の受傷事故件数と訓練時の受傷事故件数の占める割合が拮抗しつつあります（東京消防庁，2003）。現在，これらの問題を解決すべく，東京消防庁では経験値を高めるための訓練施設の整備やデータ共有を行っています。消火活動時の安全対策としては，消火活動は実施せず，現場の安全状況の監視も含めた安全管理のみを任務とする「安全管理専任隊」を組織し，消防活動中の受傷事故防止のための活動がなされています（詳しくは本章最後の「現場の声 10」参照）。

(2) 化学プラントや原子力，航空などの巨大システムの統御がメイン作業となるもの

巨大システムを比較的少ない成員で膨大な計器類を監視しながら統御する産業として，化学プラント，石油，原子力と航空があげられます。安全評価研究会は，「化学プラント運転に関する誤操作要因の解析と評価」（中央労働災害防止協会，1980）の中で，ヒューマン・エラーの形態とその直接原因を，（A）作業情報が正しく提供・伝達されなかった，（B）認知・確認のミス，（C）判断・決定のミス，（D）操作・動作のミス，（E）操作後の確認ミス（フィードバック・ミス）に分類し，整理しています。ここでは，成員間のコミュニケーション・エラーの問題が取り上げられています。このことは，システムを構成する複雑な機器類の統御の問題とともに，これらの産業においても成員間のコミュニケーションの不全がきっかけとなり，事故が発生していることを意味しています。これまでコミュニケーション・エラーによる事故として，旅客機に燃料の単位をキログラムとポンドを間違えて給油したため，燃料を使い果たしてしまうリスクに見舞われてしまった例や（1983 年），メートルとフィートの単位の確認を怠ったために，衛星の軌道がずれてしまった事故（1999 年，NASA）などがあります。

これらは，成員間のコミュニケーション不足が原因で起こってしまった事故です。いかに巨大なシステムでコンピュータによる管理が行われていても，たとえ事故対策を何重に講じていようとも，本当に驚くほど些細なエラーや不安全行動によって事故リスクが急激に増大してしまうことを私たちに教えてくれます。人が関わることですから対策の「ほころび」をすり抜けてしまうこともあります。1 人ではなく多くのメンバーと一緒に組織で取り組んでいきたいですね。安全対策としては，これまで紹介してきました KY 活動やリスク・アセスメント，安全文化の醸成などがあげられます（製油所での安全のための取り組みについては，本章最後の「現場の声 11」を参照してください）。

なるべく多くの産業と安全活動を紹介しました。ただしこれらの産業には，百貨店やホテルなどの不特定多数の方が往来するような，サービス産業は含まれていません。またリスクについても，地域住民の防災や百貨店やホテルでの火災，自然災害時の避難活動にともなう

ようなリスクについてはあまり触れられていません。先にも記したように，日本では第３次産業の発達が著しく，サービス産業での火災や自然災害時の避難についても考えていく必要があります。

5節　まとめ：これから職業を選択するみなさんへ

たくさんの事故が人間の些細なミスや不安全行動によって起こってしまうということを理解していただけたでしょうか。事故の話ばかり続いてしまうと，これから仕事を選択する側としては，少し怖くなってしまったかもしれません。でも実際に働いている方たちの多くは，毎日いきいきと働いていらっしゃることを忘れないでください。最初にも記しましたが，発災件数も死亡事故も確実に減ってきているのです。日本では長い年月をかけて，事故を防ぐために多くの知見と経験をもとに対策を講じて成果を上げてきました。次世代を担うみなさんに，10年，20年前よりも安全な職場環境を提供できることを嬉しく思っています。これから職に就くみなさんにも，いきいきと安全に仕事を楽しんでほしいと願いを込めてキャリア段階を考慮した安全のためのポイントをまとめます。

◉就業初期（自身で行う安全）――慣れたときは不安全になりやすい！

働きはじめよりも慣れた頃のほうがミスや不安全行動が出やすいといわれています。働き始めは仕事をうまくこなせるように注意をしっかり向けています。でも，先輩たちがそうであったように，毎日同じ作業を繰り返していくうちに注意をあまり注がなくなってしまうことが多いのです。こういうときは不安全行動やルール違反も出やすいです（理由は本章を読み直してください）。「仕事に慣れてきたな」と思ったときが危ない！と思って，本章３節３．にまとめた対策を徹底してください。「指差し呼称」と「メモ」は必須です。

◉初期から中期（職場の安全を自分で考える立場になったら）――外に目を向けてみよう！　対策のヒントは街中にあるかも⁉

就職したばかりの教え子から安全対策について相談されることがあります。答えは「職場に合う方法をカスタマイズするように」です。対策はたくさんあります。1人でできる対策から組織で取り組むべき対策まで，本章で記したもののほかにもまだまだあります。その中で職場に合った対策を選ぶ必要があるのです。そのようなときに，本章4節でまとめたような職場の特性を確認してみてください。一番取り入れやすいものから，1人でも少しずつでもよいのでコツコツと続けてみてください。

また，近年，安全のための工夫が他の人にも見えるようにする「見える化」が進められています。安全意識を高めることにも有効です。実際に街に出ると工事現場や工場の中，病院では，心理学の知見を活かした工夫がたくさん施されていると思います。みなさんの職場に必要な対策のヒントは街中にあるかもしれません。対策に悩んだときはぜひ一度外に目を向けてみてください。

◉中期以降（管理する立場になったとき組織の安全のためにできること）
――経験値を高めて事故リスクのイメージ力を高める職場を目指そう！

今後，ますます労働災害件数は減少していくものと期待されます。しかし，皮肉なことに，労働災害の減少が進むにつれて災害に対する経験値が低くなってしまい，脆弱な組織になってしまうリスクも考慮しておく必要があります。また世代交代が進むあまり，安全のための技能伝承がうまく引き継げないこともあります。これは，長年事故を防止してきた結果，事故に対する対処方法の知識や経験をもたない作業員の割合が多くなってしまい，その組織が皮肉にも事故に対する対処能力を保持できなくなるという意味です。現に高信頼産業では，無事故で数十年を経過している企業や産業も少なくないのです。数十年に一度の事故では，当事者のほとんどが過去に事故を経験しておらず，先述した未知の状態となり，このような状況での意思決定は誤った判断となりやすく，それが命取りになることもあります。

起こりうる突発的な事故に対応するための能力を高めるためには，災害をイメージし，対応策を事前に決めることが求められます。組織内で，あらゆる災害を想定し，災害時の状況と求められる対応を割り出し，事前に役割や分担を具体的に決めておくことで，災害時も可能な限り既知の状況に近づけることができるからです。こうすることで緊急時の負担がなくなり適切に対応できる可能性が高くなります。

災害状況を正確にイメージするためには，まず災害に対する情報が必要となります。他の産業や組織の事故やインシデント情報を共有し知識を深めることが有効な手段の 1 つとなります。総務省・中央労働災害防止協会のほか，さまざまな産業界の協会ホームページで過去の事故やインシデントをデータベース化し，公開しています。職業の選択や仕事の準備をするときには，仕事に関わる知識を得るためにさまざまな学習を行うことになると思います。管理職だけでなく，みなさんが選択された職業の事故リスク情報を理解しておいてください。きっと役に立ちます。

この章を読んでくださったみなさんの安全衛生に少しでもお役に立てたら幸甚です。

安全の仕事①
市民の生命・身体・財産を守る（消防士）

現場の声10

インタビュー

東京消防庁企画調整部広報課報道係　消防司令補　薄葉圭介氏（写真左），東京消防庁警防部救助課安全管理係長　消防司令　鈴木善幸氏（写真右）に伺いました

◉ 業務紹介と業務内容について

東京消防庁の業務は，災害から都民の生命・身体・財産を守ることにあります。具体的には火災の予防・警戒・鎮圧のほか，労災や怪我をされた方の救助・救急業務や，事故防止のための普及活動などもあったりと，幅広い活動を行っています。東京消防庁は世界最大級の規模で，約1万8,000人が従事しています。そのスケールメリットを活かして，活動が円滑に行えるよう日々努力しています。

◉ 消防士と消防団の違いについて

消防士は消防活動を専門職として活動しています。消防団は地域の方たちが社会貢献活動として行われています。実際には謝礼が少し出ますが，基本的には社会貢献活動であると考えていただいたほうがイメージしやすいと思います。災害時には消防団の方たちにご協力いただいています。交通整理や延焼防止などの活動を消防職員と連携して行っています。また，災害等の予防啓発活動なども行っております。

◉ 消防士の受傷事故傾向と事故原因について

消防活動は現場に入ること自体がリスキーな行為ですから，受傷事故件数が多いと思われがちですが，実際には消防士の受傷事故は年々減少の傾向にあります。平成27年ですと消防活動中の受傷事故は12件，訓練中等が30件の計42件で，訓練中の受傷事故のほうが多い傾向となっています。これらは概ね軽傷で，ほとんどが捻挫や打撲です。例をあげると，活動中にホースに足を引っかけたり，つまずいたり，あるいは屋内が濡れていて階段を踏み外してしまったような転倒事故があります。

この原因には心理的な焦りといった問題のほかに，装備の問題もあります。実は消防士が着る防火服や靴・装備は火災現場に入るため特殊なつくりになっています。靴は底が厚くて感覚がつかみづらいですし，装備は改良が進んでいるとはいえ重いので，身動きがとりづらいのです。そこに精神的な焦りが重なり受傷事故につながりやすいのです。

◉ 現在行っている事故防止活動の紹介

現在東京消防庁で行っている活動を紹介します。

▶ 受傷事故報告による要因分析

受傷事故が発生したときには，「受傷事故報告書」に詳しく記入して報告するようにしています。書式には，事故発生状況だけでなく心理面などの背後の要因まで記入できるようにしています。これらの報告書は四半期ごとにまとめられ共有しています。その他，安全教育教材を提供して自己学習が自由にできるようにしていますし，危険予知トレーニングのほかには，安全に関する対策会議を年３回行っています。一方的な講義ではなく，ディスカッションなどを通して理解を深めています。

▶ 安全管理隊

東京消防庁では，平成 17 年の試行段階を経て平成 18-19 年から「安全管理隊」の活動を全面的に進めました。この活動は，消防活動における危険要因の把握など消防士の活動中の安全確保に特化したものです。医療界の「リスク・マネージャー」と考え方が似ていますが，「安全管理隊」は現場で直接的に安全確保のための活動に従事するという特徴があります。消防活動中は，消防士は消火活動に夢中になりますので周りが見えなくなってしまうこともあります。そのようなときに，受傷リスクの高いところを活動中の消防士が立ち入らないように標示テープで囲って注意喚起を行ったり，活動中の消防士には見えないリスクを常にモニタリングしたりしながら受傷事故を防ぐ活動を行っています。消防士が安全に活動できるようにするための重要な役割を担っています。活動開始から 10 年近い年月を経て，現場でも安全管理隊の重要性が浸透してきましたし，安全の優先性が当然のようになってきたと感じています。

▶ 実火災体験型訓練施設

近年の火災の複雑性，消火活動件数の減少，世代交代や地域間の件数の差による経験値の差を考慮し，特殊な訓練施設（コンテナ）で火災時の煙の特性や熱環境を実際に体感できるようにしています。若い年代の消防士もこのような環境を実体感すると自然に姿勢が低くなります。このような体験を通して危険を回避する方法を学び，現場の活動に役立てるようにしています。

◉ 新入社員・就職活動中のみなさんへ

東京消防庁は先述のとおり規模が大きく活動内容が多岐にわたっています。職業選択の面でいうと，働いてみて別の業務をやってみたいと思ったときにも対応できる体制が整っていますので，そこも魅力の１つであるかなと思います。消防に興味をもってくれる人が１人でも増えたら嬉しいです。また，女性の消防士も第一線で活躍しています。普及啓発活動だけでなく，救助・救急活動でも消防活動でも活動範囲は多岐にわたっています。また安全対策にも気を配っていることには，他産業に比べて受傷件数が少ないことからも理解いただけると思います。

お願いがあります。東京消防庁管内の救急出動件数が年々増加傾向にあります。本当に必要としている人に必要とするときに役立ててもらうためにも，救急車を呼ぼうか迷ったときには救急相談センター（#7119）をご利用ください。また，周りで困っていたり体調が悪い人がいたりしたら，ぜひ手を差し伸べていただきたいなと思います。

御嶽山救助活動（安全管理活動含む）の様子

消防活動（写真提供：東京消防庁）

安全の仕事②

事故を防止する（安全管理の立場から）

現場の声11

インタビュー

JXTG エネルギー株式会社　常務執行役員　水島製油所長　佐倉匡氏に伺いました

◉ 会社紹介と業務内容について

JXTG エネルギーは，2017 年４月に JX エネルギー（2010 年に旧新日本石油と旧ジャパンエナジーの統合により発足）と東燃ゼネラル石油の統合・再編により誕生した会社です。水島製油所は，隣接する旧新日本石油と旧ジャパンエナジーの製油所（現Ａ工場，Ｂ工場）を統合し，現在では精製能力・敷地面積ともに国内最大級の製油所となっています。当所では，原油を精製し，ガソリン・灯油などの石油製品を製造しているほか，石油化学製品の生産能力やアスファルトなど重質油の分解能力が非常に高いという特徴を活かし，パラキシレン・プロピレンといった石油化学製品，さらには潤滑油やコークスなど幅広い製品を生産しています。

製油所では大量の危険物を取り扱っていますから，いったん事故が発生すると重大な結果を招いてしまうリスクがあります。過去には，重油の流出や設備の誤操作による爆発などの大きな事故がありました。しかし，現在は，過去の教訓からさまざまな取り組みを行ってきましたので，今ではそのような重篤な被害に至ることは少なくなってきました。

◉ 現在の課題と工夫，事故防止のための活動

▶ 技能伝承の問題

まず，お話ししたいことは，世代交代による技能伝承の問題です。当所は，Ａ，Ｂ両工場ともに 1960 年に操業を開始し，以来 55 年以上の長い歴史がありますが，その間効率化を進めて，人員数は往時の約半数となっています。その一方で，ベテラン社員の退職に対応するため，若手社員を大量に採用し

てきましたので，20 代の社員が占める割合がとても高くなっているのです。そのため，数年来，技能の伝承教育を進めてきていますが，それと並行して自動化を進め，コントロールルームで効率よく運転できるようにしています。今後はさらに高度な制御を可能にしながら技能伝承を進めていきたいと思っています。

▶ 工場間の違い

次に，当所独自の問題となりますが，A工場とB工場は，水島港を挟んで対岸に位置し，行き来が容易にできないため，工場間のコミュニケーションが図りづらいという悩みがあります。また，両工場はもともと別の企業でしたから，文化の違いもルールの違いもあって，統合当時はいろいろ大変でした。管理札の色分けや装置名称の略称記号など，工場間の細かい違いはいまだに残っています。色分けを急に変更するとリスクになりますし，実は，記号の変更も官庁の認可を要し，簡単にはできませんから，事故リスクの高い重要なポイントをまず共通化して，徐々に変更するようにしています。

▶ 安全意識を高めるための工夫

安全意識を高めるためには教育が重要です。自動化を進めているものの，やはり人と人とのやりとりが重要ですので，安全教育の方法も工夫していかねばならないと思っています。特に，若い世代の教育は，世代間の感覚の違いなども考慮して，心理学をはじめとするいろいろなところから知恵を借りて進めていく必要性を感じています。また，勤務中の安全意識を高めるために，教育のほかにもさまざまな工夫をしています。たとえば，重要な地区への入り口には必ずチェックポイントを掲示（写真左）していますし，過去に発生した大きな事故の詳細を廊下などの常に見えるところに掲示（写真右）しています。その他にも協力会社さんとの「安全懇談会」といった機会を設け，当所への要望事項など何でも言ってもらうようにしています。大規模工場ではありますが，協力会社の方も含めて多くの人とファミリーの雰囲気を作っていくことが大切だと考えており，年間スケジュールを組んでコミュニケーションを図っています。

◉ 新入社員・就職活動中のみなさんへ

石油精製や石油化学などの装置産業では，国際競争力を強化するために，IoT，ビッグデータ等を活用した，装置の安全性や生産性の大幅な向上が大きな課題となっておりますし，装置運転のさらなる自動化も推進していかねばなりません。石油の精製技術自体は成熟化されたものですが，このように新しいチャレンジがまだまだたくさんあり，技術屋としてとても面白い仕事ができるのではないかと考えています。私は，所長として，製油所の安全安定操業という非常に責任のともなう仕事をしていますが，そのために，生産，運転，品質，設備といった技術面での管理だけではなく，安全や人事管理などさまざまなところに目を配っています。今思えば，心理学や安全管理についてもっと勉強しておけばよかったと思っています。ですから，若い人たちが仕事と心理学の関わりについて関心をもつことはとてもよいことだと思います。これに限らず，若いときは，ぜひいろいろなことに関心をもって学んでいってほしいと思います。

安全の仕事③
事故を防止する（企業の社会的責任の立場から）

現場の声12

インタビュー

発泡プラスチックメーカーで保安安全活動に従事されている方より，個人的なご意見を伺いました。

◉ 会社（製品）紹介と業務内容について

当社の主力製品は，カップラーメンの容器やその原料です。発泡プラスチックは軽いので，生産拠点をさまざまな地域に分散させています。当社グループには国内に 37，国外に 10 の生産事業所があります。

私が所属する CSR 推進部は，企業の社会的責任に関わる業務を担っています。主には，製品の製造から廃棄段階まで責任を負う業務（環境），従業員の安全（保安）に関する業務があります。法令対応業務は主に労働安全衛生法，消防法と廃棄物処理法などの対応に関わっています。これらの事業所を２～３年に一度の割合で監査を行って対応に漏れがないようにしています。

◉ 現在の課題と工夫，事故防止のための活動

先述のとおり，事業所の数・業務内容・規模も多種多様です。従業員数が 10 人程度の小規模事業所から安全衛生委員会を置くような主力事業所まであります。すべての事業所で受傷事故にならないように取り組むということはとても大変なことです。小規模だと比較的アットホームな雰囲気があって安全管理がしやすいのですが，大規模だとなかなかそうはいかず難しいです。実際，業務内容も異なるので単純比較はできないものの，大規模事業所の受傷事故件数のほうが多い傾向があります。ただ怪我の程度は軽症で，ほとんどが不休災害です。怪我の種類は製造業にみられる「切れ」「転倒」「巻き込まれ」などです。

▶ 工具デザインの工夫による事故防止

最近は「カッター災害（カッターによる怪我）」は撲滅できたかなと感じています。いわゆる「赤チン災害（赤チン：消毒薬の往時の代名詞。消毒薬の塗布だけで済むような小さな怪我）」よりも怪我の程度が大きく，何針か縫うので業務にも支障が出ていました。カッターを取り上げる「カッター狩り」を行い，大きなカッターは許可制にしたり，手を離すと刃（は）が自動的に引き込む安全カッターや刃を割らない一本刃のカッターをわざわざ作ってもらって配布したりしました。刃を割るタイプのカッターは長めに出すことでポキッと折れて切ってしまうので，折れない一本刃がよいのです。工具デザ

インの工夫によっても受傷事故を防ぐことができると思っています。

▶ 転倒事故防止

現在多くみられるのは転倒事故です。みなさんまじめでよい人なので事故が起こっているようです。人員数が少ない職場では，休憩や食後に早く戻って次の人と交替してあげようとして慌ててしまい転倒事故になるようです。とにかく事業所内で走る人が多いのです。そのときにたまたま出っ張りの部分に引っかかって，骨折してしまった事故もあります。年配の方の割合も増えています。自分自身は大丈夫だとする過信から事故になってしまうようです。対策としては，とにかく走らないように注意喚起することに尽きます。その他には，出っ張りをなくしたり滑りやすいところをなくしたりなど，パトロールしながら事故を減らしています。

▶ ちょこっと(手)出し事故：巻き込まれ・狭まれ事故の防止について

事故当事者の多くは，よかれと思って行った行動から事故を起こしているようです。作業を急いだり同僚を助けるために通常とは異なる業務をしたり，ふだんよりも重いものを持ったりして，事故になってしまうこともあります。このようなときには強く責めることができず悩ましいですね。いわゆる「ちょこっと（手）出し」による巻き込まれ事故も，生産ラインを止めたくない気持ちが強いあまりやってしまった事故です。またラインを止めると上長に叱られると思って無理をしてしまうこともあります。対策として，製造ラインにカバーをして強制的に手出しできないようにする方法がありますが，これも脇から手を入れて事故になってしまうこともあり，根絶がなかなか難しいところです。イタチごっこになってしまうこともあり，加減が難しいところです。

▶ 安全意識を高めるさまざまな活動

一人ひとりの意識改革に取り組んでいます。安全心理学や事故防止対策で推奨されているKY（危険予知）や安全パトロールおよびリスク・アセスメントなどを進めていますが，これらも全員に普及させることは難しくて，効果も一部の人に限定されてしまうところが悩ましいところです。パトロールを行っても担当の一部の人だけのものになってしまってはいけないので，全員の意識を高められ

るようにできればと思っています。

手始めに，全員に安全行動調査（中央労働災害防止協会）などの調査を実施し，従業員全員が自分自身の安全態度を見つめる機会を設けています。これまで多くの活動を行ってきましたが，各自がバラバラに動いているような感じを受けていましたので，KY 活動やリスク・アセスメントなどのつながりを強めてくれるような活動を行うことができればと思っています。そのような意味では，いったん原点に戻る気持ちで，全従業員の安全に対するコモンセンス（常識）を磨くような活動を考えています。

▶ シンプルな活動をふだん行い続けることの意味

各事業所を回っていると効果が持続していないと感じることがあります。リスク・アセスメントを半日かけて行っても，半年するとすっかり忘れてしまっていることがあります。みんなで日常的に気軽にずっと長く続けられるような，気軽なカードを提示するといった，現場で受け入れやすい方法を考えています。たとえば，「走りません！」「手出ししません！」といったような簡単に使えるカードを考えています。シンプルに，当たり前のことを当たり前にできるようにする「安全のコモンセンス」を磨けたらと思っています。

▶ 事故体感による安全教育

既製のビデオは自分に関係ないものととらえてしまいがちなので，事故が起こった現場で事故の様子を再現しビデオにして公開したいと思っています。同じ現場を使用しないとイメージがわかないので自分の知っている人が出演して怪我している様子をビデオで見たら安全意識を高めてくれると思っています。

▶ 自然災害の対策準備

防災対応も CSR 推進部で行っています。これまでの震災で困ったことは食料と連絡手段でした。連絡手段として重要なことはふだん使うものが有事にも活用できないかということです。

その点において災害伝言板はいざというときに使い方がわからず活用しづらかったです。現在は IP 無線電話を活用できないか検討中です。IP 無線電話も災害時だけの使用であれば高価なものになってしまいますが，ふだんの専用連絡手段として使用することにすればいざというときにすぐに使いこなせることになると思っています。また，メールや SNS を活用したほうが，一方的でも情報を伝達しやすいこともわかっています。なるべくコストをかけないで対応ができればよいと思っています。

本部からの災害物資は，初動が早ければ早いほどよいと思っています。事実，熊本地震では，無駄になってもよいのですぐに物資を送ったのですが，その第１便が有効でした。第１便はすぐに被災地に到達できましたが，第２便は到着が大幅に遅れました。必要なときに必要なものが届くようにしたいと思っています。次の震災でも同様に早く到達できるとは限りませんので，被災地の各事業所で災害に備えた対策を講じています。たとえば食堂がある事業所では通常よりも多めの白米と食材を常備してもらっています。水は非常用の水を購入すると備蓄するための場所も必要となりますし，数年おきに補充・消費しなければならなくなります。そこで事業所にある自販機会社と契約し，事前に鍵を預からせていただき，有事には使用できるように契約して，平均在庫量を備蓄量に算入しています。落ち着いた後に消費した分を支払えばよいわけですから。こうすれば備蓄する手間もいりません。なるべくお金と手間をかけず，有事に有効な準備をしていきたいと思っています。

◉ 新入社員・就職活動中のみなさんへ

あまり参考にならないかもしれませんが，個人的な意見として，就職活動をしている方たちには，マニュアル本を読みすぎないようにと伝えたいですね。職場ではその場その場の対応力が求められることが多いです。面接ではそのような能力があるのか知りたいのですが，残念なことに就職活動の面接では通り一辺倒の答えばかり返ってくるので，個性が見えません。これではみなさんの個性や能力，対応力が伝わらないと思います。個性を出していれば，その個性を受け入れてくれる会社に出会えるのではないでしょうか。緊張しすぎて態度が不安定に見える人も多いです。正解はありません。面接ではお互いの貴重な時間を共有しているのです。肩の力を抜いて，批判を恐れず，ぜひ個性を出してください。そうでないと入社後が厳しいものになってしまいます！

第6章 職場のストレスとメンタルヘルスの心理学

1節　ストレスとは

1. ストレスの「誕生」

「最近ストレスが多くて…」，ストレスは，日常，普通にやりとりされる言葉になっています。しかし，「ストレスって何？」とあらためて尋ねられると，今まで了解していたつもりが，急に怪しくなってきます。初めてストレスという言葉を「今の意味で」使ったのは，セリエ（Selye, 1946）です。

セリエは，電気ショック，熱，科学物質などの有害な刺激を加えると，生体にどのような反応が現れるのかを，ネズミを使って実験していました。ある特定の刺激がある特定の症状，たとえば，熱は火傷，寒冷は凍傷といった反応を引き起こすのは，それまでの医学の常識でしたが，セリエの実験では，これらの症状以外に，有害刺激の種類によらず，副腎皮質や胃・十二指腸などに，共通の生理的反応が出現することが確認されました。セリエは，この刺激の種類にかかわらず現れる共通の反応を環境からの有害刺激に対する生体の防衛反応であると考えました。そして，最初，この有害刺激を指して，ストレスという単語を使ったのです。

今，論文など学術的な文献では，刺激と反応を区別して，有害刺激を「ストレッサ」，それに対する生体の反応を「ストレス反応」と呼んでいます。ただ，日常的には，たとえば，「来週の試験がストレスやわ」とか，「×× と話すとむっちゃストレス感じる」といった感じで，刺激にも反応にもストレスという言葉が使われています。

2. ストレスは悪いもの？

タイトルを読んで，「ストレスは悪いんじゃないの？」と思われた読者も多いと思います。ただ，ストレスはもともと悪いものではないのです。たとえば，念願かなって，イケメンのカレとの初デートの日，いつもと同じ平静な気分でいられる人はそう多くないでしょう。また，思いがけず会社の新規プロジェクトのリーダーに指名された瞬間，誇らしさと緊張で心臓が高鳴るはずです。こんなとき私たちはストレス状態にあるのです。

ストレスとは，外界からいつもと違う刺激を受け取ったとき（デートのように楽しいこともあれば，試験のようにつらいこともありますが），その状況に適応するために私たちの体が自動的に「覚醒」する状態なのです。具体的にどういう変化が起こるのか，まず，体温・血圧・血糖値・心拍数が上昇し，筋肉の緊張が起こります。そうです，私たちの体は，フル回転で動き出そうとしているのです。緊張したとき心臓が高鳴るのは，多量の血液が体の隅々にまで栄養を届けているためです。筋肉が緊張するのは，素早く行動するための準備なのです。動物的な見方をすれば，来たるべき「闘い」のための準備を進めているといえるでしょう。

これらの比較的わかりやすい変化以外にも，ストレス状態特有の変化があります。何かに夢中に取り組んで，一段落したとき「そういえば，まだご飯食べてなかった」という経験のある人も多いかと思います。空腹感により集中を妨げないように胃の活動が抑制されているのです。また，体の節々が痛い，鼻水が出る，熱っぽいなど風邪の症状がひどいとき，どうしても休めない仕事が入っていたとします。最初は無理じゃないかと思うのですが，いざ仕事にとりかかると，風邪の症状がましになって頑張れたりすることがあります。何が起こっているのでしょうか。それは，ストレス状態のときに免疫機能が抑制されているからです。熱など風邪のつらい症状は，ウィルスなどの外敵から体を守るための免疫機能の表れなのです。したがって，免疫機能が低下すると，つらい症状は消えます。その「瞬間」だけですが，鼻水などうっとうしい症状に悩まされることなく，仕事に集中することができます。

つまり，ストレスとは，頑張らなければならない環境におかれたとき，その環境に適応できるよう体を調整するメカニズムなのです。では，なぜ世間ではストレス＝悪いという図式が定着しているのでしょうか。ここで問題となるのは，ストレスの頻度とその強さです。ストレスを感じて体の覚醒が高まり，そして何かをやり遂げて覚醒が低下する，1回限りのストレスは体に何の影響もありません。しかし，毎日のように強いストレスを感じ続けているとどうなるでしょうか。ストレスを感じる度に体はフル回転します。休憩とフル回転のバランスが生活の中でとれていれば問題はありませんが，バランスが崩れ，常時フル回転しているとどうなるでしょうか。頻繁に強いストレスを感じる生活は体にさまざまな悪影響をもたらします。

たとえば，慢性的なストレスの影響で，ストレス時だけではなく，定常時の血圧や血糖値も高くなることはよく知られていますが，さらにこの状態が進めば，高血圧は脳梗塞や心疾患のリスクを高めますし，血糖値は糖尿病のリスクと結びついています。また，ストレス時には免疫機能は抑制されますが，その際，さまざまな感染症への耐性も低下します。疲れているときに風邪に感染することが多いのはそういった理由です。さらにいえば，がん細胞も体内で作り出される「異物」ですが，免疫機能が低下すると，体ががん細胞の増殖を抑えられなくなり，がんに罹患するリスクが高まるといわれています。

このように，繰り返しストレスを感じる生活は，どこかであらためないと取り返しのつかない事態に陥ってしまいます。医学だけでなく，心理学や社会科学の分野で，ストレスについてさかんに研究が行われているのも，そのためです。

3. ストレスの原因

何が強いストレスを引き起こすか，この問題に最初に取り組んだのは，ホームズ＆ラー（Holmes & Rahe, 1967）です。彼らはストレスを引き起こす生活上の出来事（ライフイベント）43個を選び出し，それぞれのライフイベントが生活に与えるインパクトを得点として示しました。最もインパクトが強い「配偶者の死」を100点として，他のライフイベントの得点を算出しました。たとえば，「結婚」は50点，「退職」は36点などです。そして，一定期間に経験したライフイベントの得点の合計点により，ストレスに起因する疾病（ストレス性疾患）を発症するリスクを予測できるというのが，彼らの研究仮説でした。

インパクトのあるライフイベントには，強くて長期にわたるストレス経験を引き起こすリスクのあることは確かです。しかし，ストレス経験を左右するのは，彼らのあげたライフイベントだけではありません。毎日顔を合わす上司との葛藤や家庭内の問題など，イベントではない，「日常」のほうが，時として大きなストレス原因となることも少なくありません。

また，さらに重要な問題は，そもそもストレス経験そのものを，原因（ライフイベント）と結果（疾病）だけの単純なプロセスで理解しようとする点にも無理があるという点です。たとえば，転居というライフイベントの得点は20点となっていますが，転居経験の有無，単身者か家族かの違いによって，転居の負担感は大きく変わってきます。つまり，ホームズらの考えには，イベントを経験し，それを克服しようとする主体である「人」の存在が完全に欠落しているのです。

彼らの研究は，ストレス研究の「古典」として，テキストなどに取り上げられることも多く，また，インパクトの強いライフイベントの健康リスクへの気づきを促したという点で，一定の評価を受けています。しかし，ライフイベント得点だけから疾病のリスクを予想しようとした彼らのアプローチは，後の研究により批判されています。

4. ストレスと心理学

ストレス経験の主体である「人」の存在を重視し，その後のストレス研究に大きな影響を及ばしたのがラザラス（Lazarus, R. S.）です。彼の言葉を借りれば，環境からの要求が「自分のもっている資源に負荷をかけるか，あるいはそれを超え，心身の健康を危うくするものと評価された」（Lazarus & Folkman, 1984, p. 19）ときに，人はストレスを経験するのです。環境からの要求とは，勉強とか仕事のような日常私たちが経験する出来事，資源とは，能力や体力，気力など，その勉強なり仕事なりをこなすために私たちが利用できるものを指します。たとえば，環境からの要求が過大なものであっても，その要求をこなすだけの資源が個人に備わっていれば，それはストレスにはなりません。逆に，周りから見て重荷になるとは思えない要求であっても，その人の資源を超えるものであれば，それはストレスとして経験されるのです。この環境からの要求と個人のもつ資源とのバランスは，あくまで，両者を評価する個人の認知の問題であって，客観的なバランスは問題とされていない点に注意する必要があります。ストレスは主観的世界で起こる出来事なのです。

ラザラスのストレスに対する考え方（モデル）をもう少し詳しく見てみましょう。図 6-1 は，ラザラスのストレスモデルを筆者が翻訳し，わかりやすい形に（少し簡略化して）まとめたものです。彼のストレスモデルは，１次評価と２次評価の２つの段階を仮定しています。まず，１次評価では，環境からの要求と個人のもつ資源のバランスが評価されます。環境からの要求を十分こなす資源が備わっていると判断した場合，環境からの要求は「脅威」とはならず，ストレス経験は生じません。逆に，環境からの要求に自分のもっている資源では対応できない（能力を超えている，能力はあるが疲労や他の仕事のため十分なエネルギーを振り分けられないなど）と判断した場合，環境からの要求は「脅威」となり，次の２次評価と呼ばれる段階に移ります。

２次評価では，「脅威」と認知された環境からの要求に対して，その要求を満たすあるいは回避するための方法（対処行動）が検討されます。たとえば，試験に合格するため勉強の時間を増やしたり，あるいは塾に通い始めたりするような行動がこれにあたります。また，人に

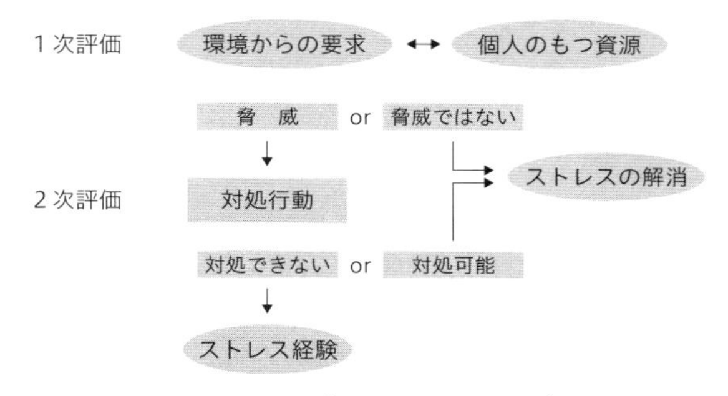

▲図 6-1　ラザラスのストレスモデル

よっては，仕方ないとあきらめ，マイペースを貫いたり，趣味に時間を費やしたりして，試験のことを考えないようにすることもあるでしょう（「対処行動」については3節に詳しい説明があります）。対処の方向は違いますが，いずれの方法においても，環境からの要求にうまく対処できると判断したとき，ストレスは解消します。また，対処の継続や別の対処が必要と判断すれば，この段階が継続し，基本的には，環境からの要求が満たされるか回避されるか，あるいは要求そのものが消失するまで続きます。

さらにいえば，この過程を繰り返し経験することで，評価の判断も変化します。たとえば，最初無理だと思えた課題を練習によって克服することができた人は，自分のもつ資源への評価が高まります。その繰り返しの中で，同じような環境からの要求に対し，ある時期から「脅威」だと感じないようになるかもしれません。もちろん，その逆の場合，失敗経験の積み重ねにより，環境からの要求を重く認知する傾向が増していく可能性もあります。

ストレスを人の認知過程，すなわち心理学の視点からとらえることの意義を最初に示したのが，ラザラスらによる一連の研究だったといえるでしょう。これ以降，ストレスは心理学の主要な研究テーマの1つとなっていきます。

2節　職場とストレス

1．職業性ストレスのモデル

職業性ストレスとは，仕事の進め方や職場環境などに起因するストレスの総称です。まず，職業性ストレスを引き起こすものに，どのようなものがあるかをまとめてみましょう。図6-2は，職業性ストレス研究の基本的な枠組みとして広く受け入れられているクーパーとマーシャル（Cooper & Marshall, 1976）のモデルを筆者が翻訳し，まとめたものです（一部わかりやすいよう言葉などを改変しています）。図では，職業性ストレスの原因が，個人の要因を経て，ストレス経験，そして，健康障害の徴候，さらにストレス性疾患に至るという過程が示されています。また，家族の問題など職務外のストレスの原因も，付加的な形でモデルに加えられています。

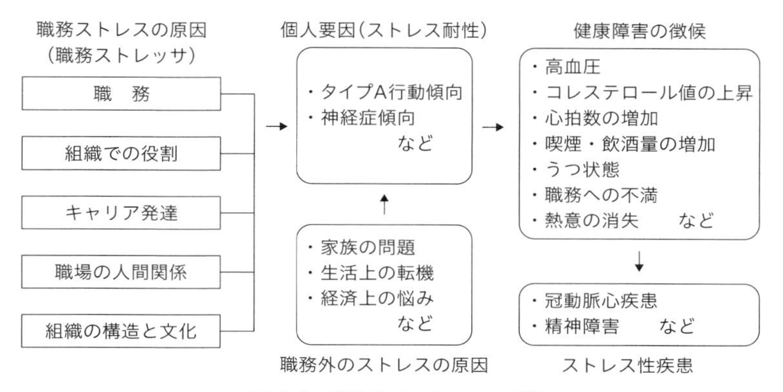

▲図 6-2　職業性ストレスのモデル

クーパーらのモデルは，環境要因と個人要因の兼ね合いでストレス経験が生じるという点では，ラザラスのストレスモデルの考え方を踏襲しています。しかし，ラザラスのモデルの焦点が個人の認知過程にあったのに対し，クーパーらのモデルでは，個人要因は簡素化され，職業性ストレスの原因の記述に多くが費やされています。たしかに，ラザラスの言うように，ストレスは主観的な経験で，同じ環境にいても，ストレスを強く感じている人もいれば，そうでない人もいます。しかし，個人差を強調する立場には，「ストレスを感じるのは，あなたが弱いからだ」という見解を助長する懸念が常につきまといます。このような見解は，強いストレッサが存在する環境，改善の必要がある職場で働いている人たちに，さらなる負担を強いることにもつながりかねません。この意味では，環境要因に着目し，その改善の道を模索することこそ，ストレス研究がまず目指さなければならない方向であるといえます。クーパーらのモデルは，その立場をふまえたものとなっています。

2. 職業性ストレスの種類

クーパーらのモデルでは，職業性ストレスの原因として５つのソース（源）を考えています。まず，職務そのものに由来するストレスです。たとえば，忙しい，常に時間に追われている，夜間勤務がある，ノルマが厳しい，ミスが許されない，顧客への対応が難しい，危険物を扱わなければならないなど，職務の内容にともなうストレス要因です。

さまざまな職務に，それぞれ固有のストレス要因があります。
２つ目は，組織内で付与された役割に由来するストレスです。役割というと，まず思い浮かぶのは役職でしょう。たとえば，係長や課長などいわゆる中間管理職は，組織の方針を部下に伝達する役目を担っていますが，部下に望まない仕事を割り振らなければならないなど，部下と会社の方針との間で「板挟み」を経験することも少なくありません。「中間管理職の悲哀」といわれるゆえんです。また，売上を伸ばすことが営業職に期待される役割ですが，そのために高額な商品を買わせたり，リスクの大きい金融商品を勧めたりすることがあるかもしれません。職務上期待される役割と人としての「良心」との間で葛藤を経験する人も少なくないでしょう。
３つ目は，キャリアに由来するストレスです。日本では，就職してから定年まで同じ組織に所属する終身雇用制が広く採用されてきました。この制度のもとでは，組織内の人事考課が，その人の職業キャリアを決めることになり，よい評価を得るためのいわゆる「働きすぎ」が問題となってきました。また，近年では，非正規雇用の拡大にともなって，不安定な身分で勤務している人の数が増えてきました。このようにキャリアに由来するストレスは，安定，不安定が複雑に絡み合った構造になっています。
４つ目は，職場の人間関係に由来するストレスです。この要因については特に説明する必要はないでしょう。職場に限らず，学校，近隣，友人関係といったあらゆる場で経験されるストレスです。
最後は，組織の構造と文化に由来するストレスです。最初に紹介した職務に由来するストレスでは，おおよそ職務の種類によりストレス要因が決まってきますが，たとえば同じ自動車販売の会社でも，会社によりその環境はさまざまです。ノルマ絶対で，職場がぎすぎすしている会社，オーナーのワンマン経営で，各支店に意思決定の権限が与えられていない会社，またそれらとは逆に，新入社員のうちから権限を与えられ，チャレンジが推奨される会社など，同じ業界でも組織が変われば，その環境も変わります。いわゆるトップダウンやボトムアップといった組織の構造や長い間に築き上げられた価値観を反映する組織文化と，そこで働く個人の思いとのミスマッチは，大きなストレス要因になりえます。

以上，クーパーらのモデルにしたがって，職業性ストレスの原因についてまとめてみました。このモデルの意義は，職場のストレスを考える上でのおおまかなマップを提供し，それぞれのストレス原因の改善を目指す形に，以後の研究を方向づけた点にあります。ストレス原因の除去に組織的に取り組むことの必要性を示した画期的な研究だったといえるでしょう。

3. ストレスの多い職場

クーパーらのモデルは，職業性ストレスの原因を網羅的に記述するものでしたが，その中から，特に重要な要因として，仕事要求度とコントロールを取り上げモデル化したのが，カラセックとシオレル（Karasek & Theorell, 1990）です。彼らの提議したモデルは，「仕事要求度－コントロールモデル」と呼ばれています。このモデルでは，仕事の量，時間的切迫感，緊張の度合いなど，仕事の際要求される負担感（仕事要求度）と，仕事の進め方の自由度，職場の意思決定への関与の度合いなど，仕事の上で自分の意思がどの程度活かされるか（コントロール）という２つの要素の組み合わせにより，職場のストレス関連リスクが決まるとされています。このモデルを図 6-3 に示しました。横軸に仕事要求度，縦軸にコントロールの程度をとり，その高低の組み合わせにより，職場環境を４つの象限に分類しています。

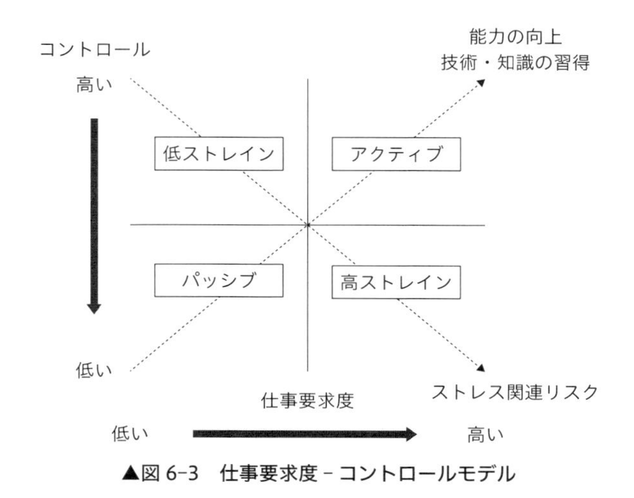

▲図 6-3　仕事要求度－コントロールモデル

仕事要求度が高く，コントロールの程度も高い環境（アクティブ象限）では，仕事はきついけれども個人の創意工夫に委ねられている部分も多く，やり方によっては能力の向上や技術・知識の習得などにつながる職場環境であると考えられています。

また，仕事要求度が低く，コントロールの程度が高い環境（低ストレイン象限）では，特にノルマなどは課せられておらず，仕事の質・量はその人の自由裁量に委ねられています。いわゆるマイペースで仕事をこなしていける環境だといえるでしょう。先のアクティブ象限と比べると向上はあまり期待できないかもしれませんが（個人のやる気しだいということになります），4つの象限の中で最もストレス関連リスクの低い職場環境となっています。

仕事要求度もコントロールの程度もともに低い環境（パッシブ象限）は，単調な職務の中で刺激も少なく，能力を発揮する機会が与えられない職場です。過重負担だけが問題ではなく，逆に負担が過少すぎても問題となることがあります。緊張感のない定型的な作業を，人から命じられるままに行うことが求められる職場は，人の行動の源泉である動機づけそのものを損なってしまうリスクをはらんでいます。

最後の，仕事要求度は高いが，コントロールの程度は低い環境（高ストレイン象限）は，4つの象限の中で最もストレス関連リスクの高い環境とされています。自らの意志に関わりなく日々過重な負担を強制される環境は，人にとって有害な環境にほかならず，職場環境のすみやかな改善が必要だとされています。実際，カラセックらによる報告では，高ストレイン象限に属する職場では，心疾患などのストレス性疾患の発症率が高いことが示されています。

3節　ストレスに対処する

1．対処行動

環境からの要求が「脅威」だと感じたとき，人はストレスを経験しますが，ただストレスを受けるままになっているわけではありません。要求に応えるための方法を考え，そのいくつかを実行することで，ストレスの原因を取り除くことができます。また，それとは別に，音楽やスポーツなどで緊張をほぐしたり，気分転換したりすることでも，直接問題の解決につながるわけではありませんが，ストレス経験を抑えることができます。このようなストレスを解消する，あるいは軽減する試みは，対処行動と呼ばれています。ただ，一口に対処行動といっても，その形態はさまざまです。対処行動について先駆的な研究を行ったラザラスとフォークマン（Lazarus & Folkman, 1984）は，問題焦点型対処行動と情動焦点型対処行動に分類しています。

たとえば，友人との関係がぎくしゃくしてきたと感じたときなど，意識的に相手の好む話題を振ってみたり，最近の自分の言動をチェックしたり，そこで思いあたることがあればその点について相手と話し合ってみたりしながら，関係を改善していくことができるでしょう。ストレスを感じている原因に直接向き合って，それを取り除く（この場合は友人との関係を改善する）ことで，ストレスを解消する行動を問題焦点型対処行動と呼びます。

それに対して，ストレス原因と直接向き合うのではなく，たとえば，趣味で気を紛らわしたり，深刻に考えないなど見方を変えたり，気持ちを切り替えたりすることで，ストレス経験にともなう不快な感情を軽減する行動を情動焦点型対処行動と呼びます。

ラザラスらは，多様な対処行動を，ストレス原因に直接働きかける行動と，ストレスの結果生じる不快な感情をやわらげる間接的な行動の２つに分類したのです。当然，問題焦点型のほうがストレス解消のためには効果的な対処行動だといえますが，その試みが常に成功するとは限りません。問題は解決されず，引き続きストレス状況が続くことのほうが多いかもしれません。ストレス経験が長期にわたったとき，ひたすら問題に向き合うだけでは，心身は疲弊してしまうでしょう。むしろ，いったん問題から離れ，気持ちを立て直す情動焦点型対処行動が有効になります。この意味で，問題に向き合う行動と問題から意識をそらす行動は，二者択一で選択されるものではなく，両者を組み合わせて，ストレスに対処することのほうが有効だといえます。

ソネンタグ（Sonnentag, 2003）の研究では，仕事を終えた後，映画を観たり，友人と食事したり，いわゆる充実した「アフター５」を過ごすことが，翌日の仕事，特に，自ら進んで現状を改善し，新しい状況を作り出そうとする行動によい影響をもたらすこと，逆に，仕事に拘束され十分な「アフター５」がとれなかった人は，翌日の仕事への意欲が高まらないことが報告されています。この研究は，問題焦点型対処行動が成功するためには，まずは，仕事を離れ，趣味など気分転換のための時間を過ごしながら心身をリラックスさせること，そして，冷静になって問題を把握し，解決のための「エネルギー」を高めておくことの重要性を示しています。

2. ソーシャルサポート

ストレスに最も効果のある対処行動とは何でしょうか。今までの研究から，ソーシャルサポートを利用することが，最も有効な方法の1つだと考えられています。

ソーシャルサポートとは，他の人からサポートを受けることですが，そのサポートにもさまざまなものがあります。まずは，話を聞いてくれたり，自分の意見や気持ちに共感してくれたり，取り乱しているときに慰めてくれたりなど感情的な支えになってくれるようなサポート（情緒的サポート）があります。これ以外にも，金銭的援助や仕事を手伝ってくれるなどの具体的な援助（道具的サポート）やアドバイスをくれたり，やり方を教えてくれたりなどの情報的サポート，そして，成果や努力を認めてくれるなどの評価的サポートがあります。

感情的に支えてくれたり，困ったときに手助けしてくれたりなど，人から受けるサポートは何よりの励みとなりますが，誰に何を相談するか，誰からどのような助言や手助けが得られるかは，その人が今まで築いてきた人間関係の質と量に依存します。つまり，豊かな人間関係を築いてきた人ほど，多様で豊かなソーシャルサポートを受けることができるのです。

ソーシャルサポートの有効性は数多くの研究で示されていますが，その代表的なものが，死亡率という直接的な数字で，ソーシャルサポートの効果を実証したローゼングレンら（Rosengren, Orth-Gomer, Wedel, & Wilhelmsen, 1993）の研究です。彼らの研究では，スウェーデンのイエテボリ在住の50歳の男性（752人）を対象とした7年間の追跡調査の結果が報告されています。図6-4を見てください。グラフの横軸は「ストレスイベントの数」で，調査の前の年に経験したストレスにつながりやすいライフイベントの数について回答してもらった値です。イベントの数が多いほど強いストレスを経験する可能性が

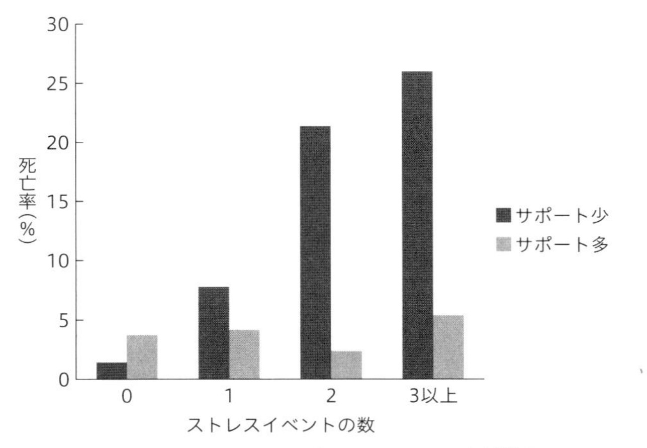

▲図 6-4　ソーシャルサポートのストレス軽減効果

高いことが予想されます。また，イベント数ごとに棒グラフが２種類ありますが，「サポート多」は豊かなソーシャルサポートのための資源をもっているグループ，「サポート少」はソーシャルサポートのための資源が乏しいグループのデータを示しています。つまり，調査に参加した人は，経験したイベント数で４つのグループに分けられ，さらにそれぞれのグループで，サポート資源の多少により２つのグループに分けられたことになります（全部で４×２の８グループあることになります）。最後に，グラフの縦軸は，調査実施から７年が経過したときの，各グループの死亡率になります。

図から，ソーシャルサポートがストレス軽減に果たす効果の大きさを読み取ることができます。ストレスイベントの数が０ないしは１のときは，７年後の死亡率も低く，ソーシャルサポートの多少もほとんど影響はありません。注目してほしいのは，ストレスイベントの数が２ないしは３以上の強いストレスを経験していると思われるグループの結果です。サポート資源の豊かなグループは，先のイベント数が少ない（ストレスが低い）グループの結果とあまり変わりませんが，サポート資源の乏しいグループは，約４倍から５倍に跳ね上がっています。つまり，イベント数が２ないしは３以上のグループは，強いストレスを経験する可能性があるグループですが，そのうち，豊かな人間関係をもち，多くのソーシャルサポートを受けることができるグループは，ストレスを軽減することができたが，ソーシャルサポートの少ないグループは，ストレスの影響から健康を害して，そのうち何人かは死亡するに至ったのではないかと推測することができます。

3．職場のメンタルヘルス

効果的な対処行動を知り，実践することが，ストレスを軽減し，心身の健康維持につながることは言うまでもありません。また，親密な人間関係は，ストレスを軽減してくれるだけでなく，人生を豊かなものにしてくれるはずです。しかし，個人が十分な備えをしていたとしても，長時間労働，サービス残業は当たり前，厳しいノルマに追いまくられ，上司からは怒鳴られっぱなしといった，いわゆるブラック企業では，個人の努力だけではおのずと限界があります。また，ここまでひどい職場でなくても，２節で述べたように職場に関わるさまざまなストレス要因が存在します。個人的な対処だけではなく，組織的な対処，つまり職場のメンタルヘルス対策が必要とされています。

多くの職場で年１回のストレスチェックが義務化される制度が2015年12月にスタートしました。健康診断のように，ストレスについてもその程度を調査により計測し，本人にフィードバックするとともに，高いストレスを経験している人には，産業医などが面談し，勤務時間の見直しや部署の異動などの対策を講じるというものです。近年，職場のストレスが原因で精神障害を発病し，労災認定される労働者が増加していることが制度の背景にあります。

今回の制度は，職場のストレス対策に取り組むことが組織の義務であることを法的に定めたという点に意義があります。ただ，この制度が職場のメンタルヘルス向上に寄与するためには，いくつかの課題が指摘されています。最大の課題は，プライバシーの問題です。たとえば，ストレスチェックをして，高ストレス者だと判定された場合，社内での評価がどうなるのか不安に感じている人は少なくありません。もちろん，ストレスチェックの結果のみで不利益な処遇を課すことは法の趣旨に反するとして禁じられています。しかし，配慮が必要な高リスク者という判定が，周りの評判だけでなく，人事考課にもマイナスに働くかもしれないという危惧が完全に払拭されているわけではありません。制度は始まりましたが，その運用については，これから十分な議論が必要でしょう。組織が主体となる職場のメンタルヘルス対策は，スタートラインに立ったところです。

4節　まとめ

この章では，ストレスについて，特に職場環境に焦点を当ててまとめてきました。読者の方々が，ストレスを知り，職場の現状を知り，そして，ストレスを軽減するための方法について学ぶことの一助になればという思いで書き進めてきました。ただ，ストレスは避けるだけの存在ではないことを最後につけ加えておきます。最初に述べたように，生活する中で，新しい刺激に出会ったとき，私たちはストレスを経験します。この意味では，ストレスのまったくない生活は，わくわくすることのない退屈な毎日でしょう。日々のちょっとしたチャレンジの積み重ねは，よいストレスを生み，私たちの生活に刺激と変化を与えてくれます。

「私たちがどのようにストレスとともに生き，いかにしてそれが自分にうまく働くようにできるか」(Cooper & Dewe, 2004, p. 36 におけるセリエの言葉の引用)，このセリエの言葉にストレスの本質が示されています。ストレスは生理的な現象ですが，それが生起する過程や対処法には，私たちの心理が深く関わっています。ストレスとうまくつき合っていけるような心のもち方を学ぶことが，結果として豊かな人生を送ることにつながるといえるでしょう。

メンタルヘルスの仕事①
命を救う人を支える（救急救命士）

現場の声13

◉ 仕事の内容

救急救命士は，救急車に乗車している救急隊員の中でも，国家資格である救急救命士免許を取得しており，現場から病院に到着するまでの間に，気管挿管や輸液，そして薬剤投与などの救急救命処置を医師の指示のもとに行うことができる隊員です。平成３年に救急救命士制度が施行されてから平成28年までに約51,000人が救急救命士資格を取得しています。そのうち，消防署に勤務している人は約32,000人，自衛隊が約760人，海上保安庁が約80人，ほかには病院や都道府県庁，企業などに勤務している人もいます。

救急車の出動件数は，１年間に全国で約600万件にも達しており，増加の一途をたどっています。今後は消防組織だけでなく，民間の大規模施設などでも救急救命士の活用が必要とされています。

◉ 産業・組織心理学との関係

救急救命士は，昼夜も屋内・外も問わずさまざまな現場に救急車で出動し，時には悲惨な光景を目にすることもあります。そういった惨事を経験してのストレスもありますが，実は，日常の職務によってストレスを多く抱え込んでいることがあります。中には，人を助けるという強い使命感が，日常の職務ストレスによって燃え尽きてしまう「バーンアウト」に至る隊員もいます。また，高度な救急救命処置を迅速かつ適切に行う責任があるという緊張感も常にあります。救命には，医師や看護師，そして仲間との連携が欠かせません。その連携のためには，日ごろから消防署の同僚や上司，そして病院の医師や看護師との間で，互いに救急救命に関して共通の認識をもち，信頼できる関係を構築することが大切です。このように，救急救命士はとても厳しい職種ですが，それ以上にやりがいのある仕事です。救急救命士が現場でその能力を十分に発揮するには，職場環境や医療関係者との人間関係がとても重要です。筆者は，救急救命士として，そして認定心理士として，産業・組織心理学を通じて学んだことを大いに活用しています。

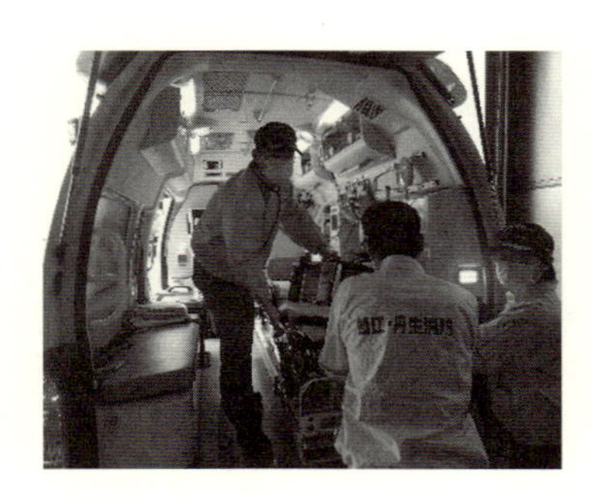

◉ 大切なことや難しいこと

救急救命士には，どんな些細な訴えも聞き逃さないための「傾聴」が大切です。そして，傷病者やその家族から，より詳しい状況を話してもらうためには，「ラポール＝信頼関係」が最も重要です。とはいっても，緊急の場面で初めて救急隊員と傷病者またはその家族が対面するわけですから，短時間で信頼を得る必要があります。そのためには，救急救命士の態度や清潔な服装，そして冷静かつ相手を思いやる口調で対話する必要があります。そういった接遇は，日ごろの家庭環境だけでなく勤務組織内での環境も関係しています。

消防署に勤務する消防隊や救助隊，そして救急隊は 24 時間勤務ですが，夜間はいくらか仮眠をとることができます。しかし，多くの救急隊はあまりの出動の多さから，ごくわずかしか仮眠がとれない日がほとんどです。また，勤務中は多くの出動と日常業務のために，勉強や訓練を行う時間がとれないので，勤務が終わった後の非番や週休日に病院等へ行って，自主的に救急のトレーニングコースを受講するなどしています。寝不足で休日を削ってまで頑張るのは，救命のためという強い使命感があるからですが，その熱い思いがやがて，「皆，もっとレベルアップするべき」「私はこれだけやっているのに」というように，同僚との間で葛藤が起こることもあります。このようなことが時には，職場でイライラとした態度として現れてしまい，現場での適切な接遇にならない場合があります。救急救命の知識や技術だけでなく，組織の役割や隊員のサポート，そして個人のキャリア発達などについてすべてを同時に向上させることはとても難しいことですが，ヒューマン・サービス職である救急救命士として，産業・組織心理学から学べることは多く，隊員の育成においてもとても大切です。

メンタルヘルスの仕事②
従業員を支える（産業保健スタッフの立場から）

現場の声 14

◉ 企業のメンタルヘルスについて

労働安全衛生法第 65 条の３は，「事業者は，労働者の健康に配慮して，労働者の従事する作業を適切に管理するよう努めなければならない」と規定されています。また，労働契約法第５条も，「使用者は，労働契約に伴い，労働者がその生命，身体等の安全を確保しつつ労働することができるよう，必要な配慮をするものとする」と定められ，「生命，身体等の安全」には，心身の健康も含まれることが都道府県労働局長宛通達に記載されています。これらのことから事業者や使用者の責任として，労働者の健康配慮義務が規定され，民法上，直接指揮命令権を有している管理監督者が，健康配慮義務の履行補助者として位置づけられることになります。

したがって，管理監督者は業務に起因する健康障害を未然に防ぎ，部下に対してメンタル面を含む健康に配慮した業務を命じることが求められています。特に昨今の企業においては，多くのメンタル面に関する訴訟を含めた問題が発生し，企業や働く人にとっては不幸な事例が増加しています。厚生労働省の調べによると 2013 年度は精神障害等の労災請求件数が 1,409 件，認定件数は 436 件，自殺者数は 63 件も発生しています。

そこで厚生労働省は，「労働者の心の健康の保持増進のための指針」を定め，メンタルヘルスケアの原則的な実施方法として，セルフケア，ラインによるケア，産業保健スタッフによるケア，事業場外資源によるケアについて企業の特性に応じて実施するように定めています。

このような中で企業のメンタルヘルス対策を効果的に実施するためには，企業で発生しているメンタルヘルスの実態分析を行いどのような強化策を講ずるべきであるかを明確にする必要があります。たとえば，メンタルヘルス不調を抱える労働者の発生率が高い年齢層，職場環境，職種，性別，役職といった項目について分析することは最低限必要であり，可能であれば全国比較や同業種比較なども行うことが重要だと思います。たとえば職場風土を分析する方法として，平成７～11 年度労働省「作業関連疾患の予防に関する研究」によって開発された「仕事のストレス判定図」は有効なツールだと思います。このアンケートは，職場や作業グループなどの集団を対象として仕事上の心理的なストレス要因（ストレッサー）を評価し，その結果が従業員のストレス反応や健康状態にどの程度影響を与えているかを判定するための簡便な方法です。また，職業性ストレス簡易調査票を活用し労働者のストレス状況を把握する方法も簡易的に情報収集を行う手段として有効だと思います。厚生労働省は，これらの方法や企業から提供された情報について集計し結果を提供しています。これまで記載した内容をふまえ企業で実際に実施しているメンタルヘルス対策についてご紹介させていただきます。

◉ 企業のメンタルヘルス対策事例

▶ 産業保健スタッフによる顔の見えるサービスの提供

産業保健スタッフを事業所ごとに組織担当医療職の呼称にて選任し，社内イントラを活用して従業員に周知を図りました。組織担当医療職は，事業所内の健康管理全般についてよろず相談の総合窓口となります。たとえば健康診断時にストレス問診を含む検査結果において「異常なし群」以外は健康診断医師の診察後に全て組織担当医療職が面談を行い職場環境含む健康面の全般について傾聴する時間を設けています。特にストレス状況については職業性ストレス簡易調査票を行い，その結果を分析し心理的ストレス状況を確認しています。職場や家庭での過剰な期待から心理的ストレスが蓄積するケースは少なくありません。この調査を定期的に実施することで心理的ストレス要因を個別に把握し組織担当医療職が改善策を支援します。また，健康面全般について医療職に相談したいことがある場合は，問診内容にその旨を記載できる質問項目を取り入れ，健康診断時に多くの方からのストレス状況を把握できる体制を構築しています。事業場では定期的に巡回し従業員と直接会話をする機会を多くもつことで，親しみがもて，気軽に相談できる雰囲気および組織担当医療職を認識していただくように努めています。また，組織総務担当者との情報交換についても密に行い医療職と接する場を多くもつことで連携強化が図れ，早期対応と管理監督者のメンタルヘルスに対する対応レベルの精度を高めています。その結果，職場風土分析を希望する事業場が増加し「仕事のストレス判定図」を活用して事業所と連携し，具体的な職場改善策を考えるケースも増加しました。また，組織担当医療職にも健康改善目標を定めることで目標意識が高まり大きな成果を得るようになりました。いかなる事業にも課題達成には目標値を定め，その目標値に対して合意を得た中で施策を展開することが重要であることを再認識しました。

▶ 管理監督者教育

メンタルヘルス対策は，管理監督者には業績向上のためにも重要なマネジメントです。したがって労働者に過度の心理的負荷を与えることは避けるべきです。しかし，業績を優先するがあまり，個性や能力を無視した言動，過度の期待が心理的負担となり本来の力を発揮することができないケースも多く見受けられます。

最近では管理監督者の心理的負担が増大し，管理監督者自身がメンタルヘルス不調を引き起こす事例も少なくありません。管理監督者が悩みを１人で抱え込まないためにも管理監督者に対するメンタルヘルス教育は大変重要です。そこで，管理監督者を対象に健康づくり全般について理解を深めていただく目的でヘルスマネジメント研修を実施しています。この研修は毎年，管理監督者として任命された方，上位職に就いた方を対象に可能な限り社内で発生した現実的なメンタルヘルス不調事例を多く取り入れ，なぜ発生したか，どうすれば予防できたかなど，管理監督者としてどのような対応が必要であったか，具体的な意見を出し合う事例研修を中心に実施しています。その中で，マネジメントとして重要な心理学の面からのアプローチについても体験実習を行います。具体的には傾聴を通じて「相手を認める」「自分の成功体験ではなく失敗体験などで勇気づける」「感謝を表明する」「否定しない」「決めつけない」など相手に共感と信頼，尊敬を抱かせる態度を学んでいただきます。管理監督者は，自信家で攻撃的な性格の方が多く部下の話の途中で結論を出したり，ダメ出しをすることがあります。相手の心理を読み取り自発的に行動や判断ができるよう導くことが管理監督者にとって大変重要です。そのためにも心理学の面からのアプローチは重要であり，管理監督者にも好評で成果の高い研修会となっています。

企業にとって当然のことですが，健康管理全般について予防・気づき・治療支援・職場復帰支援の社内制度および知識を深めるための実践内容についても，研修会に取り入れています。

このように企業では，「組織担当医療職が事業場の管理監督者と連携した体制および個別の健康情報をタイムリーに情報収集する仕組みを構築すること」「管理監督者を教育すること」に重点を置いたメンタルヘルス対策を推進しています。その結果，一定の成果を上げることができました。メンタルヘルス不調は誰もが起こりうることだとの認識に立ち，今後も心理学的アプローチを含めた取り組みについてPDCAサイクルの精度を高め企業の特性，時代に即した施策を講じていきます。

現場の声 15

メンタルヘルスの仕事③
従業員を支える（外部 EAP の立場から）

今や，メンタルヘルス不調で１か月以上休業または退職した人がいる事業所の割合は１割にものぼります（厚生労働省，2013 年）。特に近年の傾向として，従来のうつ病の傷病特性にはおさまらず再発を繰り返すなど問題が遷延化するケースが増加しており，多くの企業・組織が対応に苦慮しています。メンタルヘルス上の理由で休職した場合，体の病気や怪我とは異なる難しさがあります。

筆者は外部 EAP（Employee Assistance Program：従業員支援プログラム）にて企業・組織とそこで働く人の生産性の維持向上のためのさまざまなサービスを提供しています。復職支援では，休職中の人への直接的なサポートをはじめ，管理監督者・人事労務・産業保健スタッフ等といった関係者にコンサルテーションを行ったり，職場の制度や体制の整備など組織的な対策について提案することもあります。基本的な手順は「心の健康問題により休業した労働者の職場復帰支援の手引き」（厚生労働省，2004 年策定，2009 年改訂）に沿いながら個別のケースに応じた方略を立てていきます。疾病性のみにとらわれず，事例性に基づいて見立てを行うこと，個人と組織，双方の意向を汲みつつ実現可能な目標を定めて手立てを講じること，職場や他職種と連携をとりながら包括的に支援していくこと，こうした過程の随所に心理学の理論と技法が求められます。

不調に陥る経緯は仕事のストレスが明らかな場合もあれば，はっきりとした要因が見当たらない場合もあります。いったん休んでも，早く戻らなければと不安と焦りを募らせ，十分に回復しないまま復帰した挙句，再発を繰り返す例も少なくありません。本人の心情を理解しつつ，時期尚早にならないよう回復過程に応じたサポートを行うことが重要です。状況によっては家族や主治医と連携をとることもあります。

ある程度回復し，復職を考える時期が来たら，定時勤務を想定した生活リズムの調整に入ります。また，通勤や業務に耐えうるだけの体力と気力，集中力や思考力などの業務遂行能力も高めておく必要があります。公的機関である地域障害者職業センターや民間の医療機関等で実施されているリワーク支援は復職前のリハビリテーションとして非常に有効です。定期的に決まった場所に通うことで活動性が高まり，集団でのプログラムに参加することによるピアサポートの効果も期待できます。

ただ，これらはあくまでも復職のための最低限の要件にすぎません。職場に復帰してゴールではなく，その後，本来の能力を発揮できる水準まで戻り，かつ「働き続ける」ことが何よりも重要なのです。そのためには，不調に陥った要因を振り返り，二度と再発させないための対応策を見出しておくことが必須です。仕事上の要因だけでなく，仕事以外の要因も整理しておいたほうがよいでしょう。大変有能な人でも長時間労働と家族の問題が重なるなど複数の要因が蓄積して休まざるを得ない状態になる例は珍しくありません。また，作業内容や人員配置，職場の人間関係など環境にリスク要因がなかったかを確認し，もし該当するようなことがあれば，第２，第３のケースを発生させないためにも早めに組織として予防的対策を打っておく必要があります。

いよいよ復職目前という段階では，最終決定するのは事業者ですが，復帰の可否を判定するにあたっては産業医の意見が重視されることが多いため，EAP では，産業医宛に経過報告や復帰後の留意点などについて情報提供することもあります。

さて，復職後は職場内の労務管理・健康管理の枠組みでの対応が中心となります。ほとんどのケースは復職後も通院・服薬が継続されますので，治療が円滑に続けられるよう周囲の理解と協力を求めます。また，EAP やリワーク施設でもフォローアップを行います。

復職１週間後，１か月，３か月，６か月目など節目となるような時期には特に注意します。本人への適応支援はもちろんのこと，職場内で支援する立場にある周囲の人たちが疲弊してしまわないよう，サポーターへのサポートも忘れてはなりません。

一過性の要因ではなく，そもそも職種や業務内容と本人の適性との間に著しい不一致があり，結果，メンタルヘルス上の問題が生じていることもあります。この場合，治療を受けて症状は軽減されても根本的な解決にはならず問題を遷延化させることになりかねません。求められるスキルを身につける機会を設けたり，本人の努力だけでは解決が見込めない場合は環境そのものを調整したりする必要があります。

ライフキャリア全体を見渡したとき，休職という「転機」をどうとらえるか，働けない状態を経験したからこそ働くことの意味を見つめ直していくことが，やりがいをもって自律的に働くことにつながるのではないでしょうか。

付録　さらに勉強するための推薦図書

産業・組織心理学に興味をもったら，以下の図書にもぜひ目を通してみてください。さらに世界が広がると思います。

『よくわかる産業・組織心理学』

山口裕幸・金井篤子（編）（2007）ナカニシヤ出版

もう少し詳しく産業・組織心理学を知りたい人に，教科書として最適です。

『産業・組織心理学〈改訂版〉』

馬場昌雄・馬場房子・岡村一成（監修）小野公一・関口和代（編著）（2017）白桃書房

2005 年に出版された産業・組織心理学の教科書の改訂版です。日本の産業・組織心理学の創始を担った研究者から，現在の産業・組織心理学の中核の研究者まで，幅広い著者が執筆しています。

『キャリア・ダイナミクス』

エドガー・シャイン（著）　二村敏子・三善勝代（訳）（1991）白桃書房

キャリア研究の第一人者であるエドガー・シャインがキャリア発達について論じています。キャリアに関心をもったら，一度目を通してみてください。

『新版キャリアの心理学―キャリア支援への発達的アプローチ』

渡辺三枝子（編著）大庭さよ・岡田昌毅・黒川雅之・中村　恵・藤原美智子・堀越　弘・道谷里英（著）（2007）ナカニシヤ出版

キャリア理論の解説書です。キャリア理論の基礎が知りたい方へおすすめです。

『踊る大捜査線に学ぶ組織論入門』

金井壽宏・田柳恵美子（著）（2005）かんき出版

映画「踊る大捜査線」を題材に，組織に関わる理論を解説しています。リーダーシップ理論をはじめ，複雑な理論をわかりやすく解説してありますので，ぜひ映画を見ながら，読んでみてください。

『新・消費者理解のための心理学』

杉本徹雄（編著）（2012）福村出版

心理学の各分野を基礎として消費者行動の仕組みをわかりやすく解説してあり，消費者行動論のテキストとして広く用いられています。

『ミスをしない人間はいない―ヒューマン・エラーの研究』

芳賀　繁（著）（2001）飛鳥新社

ミスの仕組みを知れば，ムダな失敗は必ず減る！　ミス防止のノウハウを満載した入門書です。

『「事務ミス」をナメるな！』

中田　亨（著）（2011）光文社新書

人はなぜミスをし続けるのか，ミスを防ぐ上で注目すべき力とは何か，さらに，事務ミスを防ぐポイントなどを，具体例をあげて紹介しています。

『心理学から考えるヒューマン・ファクターズ―安全で快適な新時代へ―』

篠原一光・中村隆宏（著）（2013）有斐閣ブックス

安全で快適な科学技術や社会システムを構築するためには，それらを扱う人間の行動・特性の理解が欠かせません。ヒューマン・ファクターズに関する諸問題を，個人レベルから集団レベルまで包括的に，心理学的観点からとらえています。

『産業心理臨床実践―個(人)と職場・組織を支援する 心の専門家養成講座８』

金井篤子（編）森田美弥子・松本真理子・金井篤子（監修）（2016）ナカニシヤ出版

働くことは素晴らしいことですが，ストレスのあることでもあります。働く人を心理的に支援する産業カウンセリングやキャリア・カウンセリングに関心のある人はぜひ読んでみてください。

『産業・組織心理学ハンドブック』

産業・組織心理学会（編）（2009）丸善

産業・組織心理学会が学会創設25周年を記念して編集したハンドブック。項目別に解説と参考文献が掲載されており，読み物としても，辞書としても使えます。

文　献

● 第1章

Argyris, C. (1957). *Personality and organization: The conflict between system and the individual*. New York: Harper. (伊吹山太郎・中村　実（訳）(1970). 組織とパーソナリティー―システムと個人との葛藤―　社団法人日本能率協会)

Argyris, C. (1964). *Integrating the individual and the organization*. New York: Wiley. (三隅二不二・黒川正流（訳）(1969). 新しい管理社会の探求―組織における人間疎外の克服―　産業能率短期大学出版部)

福尾弘子・金井篤子 (2015). ヒューマンエラーに起因する労働災害の発生メカニズムに関する探索的研究―製造メーカーにおける2件の事例研究を通して―　産業・組織心理学研究, **29**(1), 15-28.

警察庁 (2016). 振り込め詐欺をはじめとする特殊詐欺の被害状況 http://www.npa.go.jp/safetylife/seianki31/higaijoukyou.html（平成28年11月11日閲覧）

Maslow, A. H. (1954). *Motivation and personality*. New York: Harper & Brothers. (小口忠彦（訳）(1987). 改訂新版人間性の心理学―モチベーションとパーソナリティ―　産能大出版部)

Mayo, E. (1933). *The human problems of an industrial civilization*. Cambridge, MA: Harvard. (村本栄一（訳）(1967). 新訳産業文明における人間問題　日本能率協会)

McGregor, D. (1960). *The human side of enterprise*. New York: McGrawHill. (高橋達男（訳）(1960). 新版企業の人間的側面　産能大学出版部)

Münsterberg, H. (1913). *Psychology and industrial efficiency*. Boston and New York: Houghton Mifflin Company.

Roethlisberger, F. J. & Dickson, W. J. (1939). *Management and the worker: An account of a research program conducted by the western electric company, Hawthorne works, Chicago*. Cambridge, MA: Harvard University Press.

Scott, W. D. (1908). *The psychology of advertising in theory and practice*. Boston: Small, Maynard & Company. (佐々木十九（訳）(1924). スコット広告心理学　透泉閣書房)

Scott, W. D. (1903). *The theory of advertising: A simple exposition of the principles of psychology in their relation to successful advertising*. Boston: Small, Maynard & Company.

Taylor, F. W. (1911). *The principles of scientific management*. New York and London: Harper & Brothers. (上野陽一（訳）(1969). 新版科学的管理法　産能大学出版部)

● 第2章

子安増男 (1999). 適性　中島義明・安藤清志・子安増男・坂野雄二・繁桝算男・立花政夫・箱田裕司（編）心理学辞典 (pp. 609)　有斐閣

二村英幸 (2000). 採用選考における人事アセスメント　大沢武志・芝　祐順・二村英幸（編）人事アセスメントハンドブック (pp. 69-92)　金子書房

二村英幸 (2005). 人事アセスメント論―個と組織を生かす心理学の知恵―　ミネルヴァ書房

大沢武志 (1989). 採用と人事測定　朝日出版社

Schein, E. H. (1978). *Career dynamics: Matching individual and organizational needs*. Reading, MA: Addison-Wesley. (二村敏子・三善勝代（訳）(1991). キャリア・ダイナミクス―キャリアとは，生涯を通しての人間の生き方・表現である―　白桃書房)

Super, D. E. (1957). *The psychology of careers*. Harper & Row.（日本職業指導協会（訳）(1960). 職業生活の心理学　誠信書房）

Super, D. E. (1984). Career and life development. In D. Brown & L. Brooks (Eds.), *Career Choice and Development* (2nd ed.) (pp. 192-234). Jossy-Bass.

渡辺三枝子・平田史昭 (2006). メンタリング入門　日本経済新聞社

山下順三 (2000). 職務遂行行動の測定　大沢武志・芝　祐順・二村英幸（編）人事アセスメン

トハンドブック（pp. 326-340）　金子書房

● 第3章

Adams, J. S.（1965）. Inequity in social exchange. In L. Berkowitz（Ed.）, *Advances in experimental social psychology*. Vol. 2（pp. 267-299）. Academic Press.

Bass, B. M. & Riggio, R. E.（2006）. *Transformational leadership*. Psychology Press.

Carsten, K. W. D. D.（2011）. Conflict at work: Basic principles and applied issues. In S. Zedeck, *APA Handbook of industrial and organizational psychology*. Vol. 3（pp. 461-494）. Washington, DC: American Psychological Association.

Fiedler, F. E. & Chemers, M. M.（1967）. *A theory of leadership effectiveness*. New York: McGraw-Hill.（山田雄一（監訳）（1970）. 新しい管理者像の探求　産業能率短期大学出版部）

古川久敬（2004）. チームマネジメント　日経文庫

Hersey, P. & Blanchard, K. H.（2012）. *Management of organized behavior*（10th ed.）. Oxford, UK: Blackwell.

Heifetz, R. A., Linsky, M., & Grashow, A.（2009）. *The practice of adaptive leadership: Tools and tactics for changing your organization and the world.* Harvard Business School Press.

Janis, I. L.（1982）. *Groupthink: Psychological studies of policy decisions and fiascoes*（2nd ed.）. Boston: Houghton Mifflin.

Lawler, E. E.（1971）. *Pay and organizational effectiveness: A psychological view*. McGraw-Hill.（安藤瑞夫（訳）（1972）. 給与と組織効率　ダイヤモンド社）

三隅二不二（1984）. リーダーシップ行動の科学（改訂版）　有斐閣

Palmer, S. & Whybrow, A.（Eds.）.（2008）. *Handbook of coaching psychology: A guide for practitioners*. Psychology Press.（堀　正（監訳）（2011）. コーチング心理学ハンドブック　金子書房）

Pruitt, D. G., Rubin, J. Z., & Kim, S. H.（2003）. *Social conflict: Escalation, stalemate, and settlement*（3rd ed.）. New York: McGraw-Hill.

Schein, E. H.（1978）. *Career dynamics: Matching individual and organizational needs*. Addison-Wesley Publishing Company.（二村敏子・三善勝代（訳）（1991）. キャリア・ダイナミクス　白桃書房）

Schein, E. H.（1983）. *Corporate culture: What it is and how to change it*. Alfred P. Sloan School of Management Cambridge MA.

Schein, E. H.（2010）. *Organizational culture and leadership*（4th ed.）. John Wiley & Sons.（梅津祐良・横山哲夫（訳）（2012）. 組織文化とリーダーシップ　白桃書房）

Stogdill, R. M.（1974）. *Handbook of leadership: A survey of the literature*. New York: Free Press.

van de Vliert, E. & Hordijk, J. W.（1988）. A theoretical position of compromising among other styles of conflict management. *The Journal of social psychology*, **129**（5）, 681-690.

West, M. A.（2012）. *Effective teamwork: Practical lessons from organizational research*（3rd ed.）. John Wiley & Sons.（下山晴彦（監）・高橋美保（訳）（2014）. チームワークの心理学―エビデンスに基づいた実践へのヒント―　東京大学出版会）

山口裕幸（2006）. 組織の変革と管理者のリーダーシップ―組織やチームを健全な成長へと導くには―　山口裕幸・高橋　潔・芳賀　潔・竹村和久（編著）　経営とワークライフに生かそう！　産業・組織心理学（pp. 111-133）　有斐閣

● 第4章

AMA（2004）. *Marketing News*, Sept. 15.

Blackwell, R. D., Miniard, P. W., & Engel, J. F.（2001）. *Consumer behavior*（9th ed.）. South-Western.

Brehm, J. W.（1966）. *A theory of psychological reactance*. New York: Academic Press.

Cialdini, R. B.（2009）. *Influence: Science and practice*（5th ed.）.（社会行動研究会（訳）（2014）. 影響力の武器（第3版）―なぜ人は動かされるのか―　誠信書房）

Festinger, L.（1957）. *A theory of cognitive dissonance*. Raw, Peterson.

AMA（2004）. *Marketing News*, Sept. 15.

Hovland, C. I. & Weiss, W. (1951). The influence of source credibility on communication effectiveness. *Public Opinion Quarterly*, **15**, 635-650.
Janis, I. L. & Fishbach, S. (1953). Effects of fear-arousing communications. *Journal of Abnormal and Social Psychology*, 48, 78-92.
菊池　聡（2007）. 問題商法とクリティカルシンキング　子安増生・西村和雄（編）　経済心理学のすすめ　有斐閣
Lewin, K. (1935). *A dynamic theory of personality*. New York: McGraw-Hill.
Maslow, A. H. (1970). *Motivation and personality* (2nd. ed.). Harper & Row.（小口忠彦（訳）(1971). 人間性の心理学　産能大学出版部）
McCarthy, E. J. (1960). *Basic marketing: Managerial approach*. Richard D. Irwin, Inc.
中谷内一也（1993a）. 消費者心理の落し穴―催眠商法の誘導テクニック（１）―　繊維製品消費科学, **34**(2), 66-70.
中谷内一也（1993b）. 消費者心理の落し穴―催眠商法の誘導テクニック（２）―　繊維製品消費科学, **34**(3), 127-132.

● 第５章

中央労働災害防止協会（1980）. 化学プラント運転に関する誤操作要因の解析と評価
中央労働災害防止協会（1980）. 化学プラント運転に関する誤操作要因の解析と評価
中央労働災害防止協会（1989）. 安全衛生年鑑　平成元年版　中央労働災害防止協会
中央労働災害防止協会（2000）. 高年齢労働者の労働災害防止に係わる調査研究報告書
中央労働災害防止協会（2005）. 安全衛生年鑑平成 16 年版
中央労働災害防止協会（2013a）. 若年労働者の労働災害防止のポイント（スタッフ・管理者向け）―若年労働者の労働災害防止のための安全衛生管理手法の開発に関する調査研究報告書― http://www.jisha.or.jp/research/report/index.html
中央労働災害防止協会（2013b）. 飲食店の安全衛生活動好事例集 http://www.jisha.or.jp/research/report/201303_01.html（2017 年 1 月 19 日）
中央労働災害防止協会（2016）. 労働災害分析データ http://www.jisha.or.jp/info/
芳賀　繁・赤塚　肇・白戸宏明（1996）.「視差呼称」のエラー防止効果の室内実験による検証　産業・組織心理学研究, **9**(2), 107-114.
芳賀　繁（2000）. 失敗のメカニズム―忘れ物から巨大事故まで―　日本出版サービス
Hawkins, H. F. (1987). *Human factors in flight*. Gower Technical Press.（黒田　勲（監修）石川好美（監訳）(1992). ヒューマン・ファクター　成山堂書店）
兜山博之・申　紅仙・正田　亘（2001）. 建設現場の安全管理におけるコミュニケーションに関する一考察　人間工学, **37**（Supplement）, 414-415.
神田直弥・申　紅仙・高畑好秀・松田文子（2004）. 消防活動時における危険要因分析　人間工学, **40**, 526-527.
川村治子（2000）. 医療のリスクマネジメントシステム構築に関する研究―看護のヒヤリ・ハット事例の分析―　厚生科学研究費補助金平成 11 年度医療技術評価総合研究事業総括報告書
河野龍太郎（2004）. 医療におけるヒューマンエラー―なぜ間違える　どう防ぐ―　医学書院
厚生労働省（2015）. 労働災害発生状況　平成 27 年 http://www.mhlw.go.jp/bunya/roudoukijun/anzeneisei11/rousai-hassei/
厚生労働省（2016a）. 50 年間の労働災害による死亡者数の推移 http://www.mhlw.go.jp/file/04-Houdouhappyou-11302000-Roudoukijunkyokuanzeneiseibu-Anzenka/H27rousaikakutei_sankou1.pdf
厚生労働省（2016b）. 労働災害発生状況（平成 27 年）確定版 http://www.mhlw.go.jp/bunya/roudoukijun/anzeneisei11/rousai-hassei/dl/15_kakutei.pdf
厚生労働省（2016c）. 平成 27 年労働災害動向調査 http://www.mhlw.go.jp/toukei/itiran/roudou/saigai/15/
元橋綾子・申　紅仙・神田尚弥・松田文子・高橋好秀（2004）. 濃煙熱気内における消防隊員の行動と心理的影響に関する研究（第 1 部平成 15 年度消防科学研究所の研究成果）　消防科

学研究所報，**41**，112-125.
Norman, D. A. (1981). Categorization of action slips. *Psychological Review*, **88**(1), 1-15.
岡本浩一・鎌田晶子（2006）．属人思考の心理学―組織風土改善の社会技術―　組織の社会技術 3　新曜社
Reason, J. (1990). *Human Error*. Cambridge University Press.（林　喜男（監訳）（1994）．ヒューマンエラー―認知科学的アプローチ―　海文堂）
Reason, J. T. (1997). *Managing the risks of organizational accidents*. Brookfield, VT: Ashgate.（塩見　弘（監訳）（1999）．組織事故―起こるべくして起こる事故からの脱出―　日科技連出版社）
Salvendy, G. (1987). *Handbook of human factors*. John Wiley & Sons, Inc.（大島正光（監訳）（1989）．ヒューマンファクター　新人間工学ハンドブック　同文書院）
申　紅仙（2001）．五感を活用した安全教育プログラムの開発・実施とその効果―プログラム実施前後の職長・作業員の意識の変化について―　産業・組織心理学研究，**15**(1)，65-72.
申　紅仙（2006）．安全と労働の質　海保博之（監修）古川久敬（編）　朝倉心理学講座 13　産業・組織心理学（pp. 150-172）　朝倉書店
申　紅仙（2007）．仕事の能率と安全　山口裕幸・金井篤子（編）　よくわかる産業・組織心理学（pp. 156-171）　ミネルヴァ書房
申　紅仙（2014）．日常生活の中で見られる大学生の不安全行動とリスク評価に関する一考察　人間科学，**32**(1)，23-28.
申　紅仙 (2015a)．特集　あなたは安全人間？　チェックしてみよう　安全衛生のひろば，**56**(8)，9-19.
申　紅仙（2015b）．大学生アルバイトと事故リスクについて―ヒヤリ・ハットおよび怪我事例から考える―　人間科学，**33**(1)，13-21.
申　紅仙・正田　亘（2001）．「作業現場におけるコミュニケーションに関する一考察―２つの建設現場の KYM から―」　産業・組織心理学会第 17 回大会研究発表論文集
正田　亘（1984）．安全のための心理学　中央労働災害防止協会
総務省（2015）．労働力調査年報　平成 27 年
http://www.stat.go.jp/data/roudou/report/2015/index.htm
東京消防庁（2003）．心理学から見た消防活動現場における安全管理のあり方研究会検討結果報告書
山内隆久・山内桂子（2000）．医療事故　朝日新聞社

● 第６章

Cooper, C. L. & Dewe, P. (2004). *Stress: A brief history* (1st ed.). Oxford: Blackwell Publishing.（大塚泰正・岩崎健二・高橋　修・京谷美奈子・鈴木綾子（訳）（2006）．ストレスの心理学―その歴史と展望―　北大路書房）
Cooper, C. L. & Marshall, J. (1976). Occupational sources of stress: A review of the literature relating to coronary heart disease and mental ill health. *Journal of Occupational Psychology*, **49**, 11-28.
Holmes, T. H. & Rahe, R. H. (1967). The social readjustment rating scale. *Journal of Psychosomatic Research*, **11**, 213-218.
Karasek, R. A., & Theorell, T. (1990). *Healthy work: Stress, productivity, and the reconstruction of working life*. New York: Basic Books.
Lazarus, R. S. & Folkman, S. (1984). *Stress, appraisal, and coping*. New York: Springer.
Rosengren, A., Orth-Gomer, K., Wedel, H., & Wilhelmsen, L. (1993). Stressful life events, social support, and morality in men born in 1933. *British Medical Journal*, **307**, 1102-1105.
Selye, H. (1946). The general adaptation syndrome and the diseases of adaptation. *Journal of Clinical Endocrinology*, **6**, 117-231.
Sonnentag, S. (2003). Recovery, work engagement, and proactive behavior: A new look at the interface between nonwork and work. *Journal of Applied Psychology*, **88**, 518-528.

人名索引

事項索引

シリーズ監修者

太田信夫　（筑波大学名誉教授・東京福祉大学教授）

執筆者一覧（執筆順）

金井篤子	（編者）	はじめに，第1章，付録
尾野裕美	（明星大学）	第2章
岡田昌毅	（筑波大学大学院）	第2章
加藤容子	（椙山女学園大学）	第3章
永野光朗	（京都橘大学）	第4章
申　紅仙	（常磐大学）	第5章
久保真人	（同志社大学）	第6章

現場の声　執筆者一覧（所属等は執筆当時のもの）

現場の声 1	波田野匡章	（明星大学経済学部）
現場の声 2	大和田順子	（株式会社リクルートキャリア）
現場の声 3	堀内泰利	（慶應義塾大学 SFC 研究所）
現場の声 4	小川英範	（株式会社野田塾）
現場の声 5	泉谷周生	（日本特殊陶業株式会社）
現場の声 6	畑佐高子	（中部電力株式会社）
現場の声 7	北林弘行	（株式会社アート印刷所）
現場の声 8	須貝育宏	（株式会社日本リサーチセンター）
現場の声 9	樋口美香	（株式会社石田大成社）
現場の声 10*, 11*, 12*	申　紅仙	（常磐大学）
現場の声 13	福岡範恭	（京都橘大学健康科学部）
現場の声 14	山地繁信	（大阪ガス株式会社）
現場の声 15	山崎昌子	（医療法人あけぼの会メンタルヘルスセンター）

＊はインタビュー形式による

【監修者紹介】

太田信夫（おおた・のぶお）

1971 年　名古屋大学大学院教育学研究科博士課程単位取得満了
現　在　筑波大学名誉教授　東京福祉大学教授　教育学博士（名古屋大学）

【主著・論文】
記憶の心理学と現代社会（編著）　有斐閣　2006 年
記憶の心理学（編著）　NHK 出版　2008 年
記憶の生涯発達心理学（編著）　北大路書房　2008 年
認知心理学：知のメカニズムの探究（共著）　培風館　2011 年
現代の認知心理学【全 7 巻】（編者代表）　北大路書房　2011 年
Memory and Aging（共編著）Psychology Press　2012 年
Dementia and Memory（共編著）Psychology Press　2014 年

【編者紹介】

金井篤子（かない・あつこ）

1994 年　名古屋大学大学院教育学研究科博士課程後期課程中途退学
現　在　名古屋大学大学院教育発達科学研究科教授 博士（教育心理学）（名古屋大学）

【主著・論文】
キャリア・ストレスに関する研究：組織内キャリア開発の視点からのメンタルヘルスへの接近　風間書房　2000 年
よくわかる産業・組織心理学／やわらかアカデミズム・〈わかる〉シリーズ（共編著）　ミネルヴァ書房　2007 年
職場のストレスとサポート　外島　裕・田中堅一郎（編）　産業・組織心理学エッセンシャルズ［改訂三版］ pp. 159-185．ナカニシヤ出版　2011 年
キャリア発達　山口智子（編）　働く人々のこころとケア：介護職・対人援助職のための心理学　pp. 54-64．遠見書房　2014 年
産業心理臨床実践：個（人）と職場・組織を支援する／心の専門家養成講座 8 （編著）　ナカニシヤ出版　2016 年

シリーズ心理学と仕事11　産業・組織心理学

2017年7月10日　初版第1刷印刷
2017年7月20日　初版第1刷発行

定価はカバーに表示してあります。

監修者　太田信夫
編　者　金井篤子
発行所　（株）北大路書房
〒603-8303　京都市北区紫野十二坊町12-8
電話（075）431-0361（代）
FAX（075）431-9393
振替　01050-4-2083

イラスト／田中へこ
印刷・製本／創栄図書印刷（株）
検印省略　落丁・乱丁本はお取り替えいたします。
ISBN978-4-7628-2983-3　Printed in Japan